BIBLIOTHÈQUE
DE PHILOSOPHIE CONTEMPORAINE

L'ATTENTION

SPONTANÉE ET VOLONTAIRE

SON FONCTIONNEMENT — SES LOIS
SON EMPLOI DANS LA VIE PRATIQUE

PAR

ÉDOUARD RŒHRICH

Ouvrage récompensé par l'Académie des Sciences morales et politiques
(*Prix Saintour, 1905*).

PARIS
FELIX ALCAN, ÉDITEUR
LIBRAIRIES FÉLIX ALCAN ET GUILLAUMIN RÉUNIES
108, BOULEVARD SAINT-GERMAIN, 108

1907

L'ATTENTION SPONTANÉE ET VOLONTAIRE

DU MÊME AUTEUR

Théorie de l'Éducation, *d'après les principes de Herbart*, 1884, 1 volume chez l'auteur à Elbeuf (Seine-Inférieure).

La Chanson de Roland, traduction nouvelle à l'usage des écoles, précédée d'une introduction sur l'importance de la Chanson de Roland pour l'éducation de la jeunesse, 1885, Paris, Fischbacher.

L'ATTENTION
SPONTANÉE ET VOLONTAIRE

SON FONCTIONNEMENT — SES LOIS
SON EMPLOI DANS LA VIE PRATIQUE

PAR

ÉDOUARD RŒHRICH

Ouvrage récompensé par l'Académie des Sciences morales et politiques
(Prix Saintour, 1905)

PARIS
FÉLIX ALCAN, ÉDITEUR
LIBRAIRIES FÉLIX ALCAN ET GUILLAUMIN RÉUNIES
108, BOULEVARD SAINT-GERMAIN, 108

1907

AVERTISSEMENT

Cet ouvrage est la reproduction du manuscrit déposé aux archives de l'Institut, et qui a obtenu une récompense dans le concours pour le prix Saintour (1905).

Toutefois, l'auteur y a apporté quelques modifications dans la forme, quelques corrections de détail ; il y a ajouté un certain nombre de citations supplémentaires.

Le chapitre II de la première partie est entièrement nouveau.

Le contenu de ce chapitre, ainsi que les chapitres III, IV et V qui suivent, a été publié dans la Revue philosophique (*août 1906*).

Les parties nouvelles sont indiquées dans la Table des matières en lettres italiques.

INTRODUCTION

L'ATTENTION ET LA PSYCHOLOGIE

L'étude des phénomènes physiques et psychiques, dont l'ensemble constitue l'attention, n'a pas toujours formé un chapitre spécial de la psychologie. Beaucoup de traités de psychologie ne s'occupent que de l'attention volontaire. Et pourtant l'attention involontaire intervient dans un grand nombre d'opérations d'ordre psychique et intellectuel. Elle s'éveille déjà avec les sensations et les impressions rudimentaires. De plus, l'attention involontaire ou spontanée se lie étroitement à la formation des idées complexes et des associations d'idées. Elle est indispensable aussi au bon fonctionnement de la mémoire et à l'observation des faits.

L'étude de l'attention est nécessaire à plusieurs disciplines annexes de la philosophie, notamment à la pédagogie et à la théorie des beaux-arts.

On peut donc regretter que l'attention [1] ne figure qu'à titre précaire dans les traités de psy-

[1] M. Ribot s'exprime ainsi sur ce sujet (*Psychologie de l'Attention*, p. 3) : « Il y a deux formes distinctes d'attention l'une spontanée, naturelle, l'autre volontaire, artificielle. La « première *négligée par la plupart des psychologues*, est la forme fondamentale de l'attention. La seconde, *seule étudiée par la plupart des psychologues*, n'est qu'une imitation, etc. »

M. J.-P. Nayrac (*Psych. et Phys. de l'attention*) dit : « Durant tout le temps que la psychologie a été la vassale de la métaphysique, l'on ne faisait pas grand cas de l'attention. p. 6.

chologie auxquels on s'accorde à attribuer un caractère classique ? Nous sommes privés par là des découvertes que certains hommes éminents eussent pu faire dans ce domaine inexploré, ou du moins des lumières qu'ils eussent projetées sur les points obscurs de la science de l'attention.

Du moins cette circonstance a eu l'heureux effet d'empêcher que l'attention ne fût considérée comme une faculté spéciale. Pour tout le monde, l'attention est une simple fonction mentale. Personne ne songe à écrire ce mot avec un grand A. Nous pouvons étudier ses caractères et ses manifestations sans être gênés par des habitudes de langage qui nuisent plus qu'on ne pense à l'étude de la psychologie.

L'ATTENTION ET LA PSYCHO-PHYSIOLOGIE

L'attention, quelque peu négligée par les psychologues de la vieille école, a été l'objet d'études extrêmement nombreuses et fructueuses de la part des savants qui ont inventé ou perfectionné la Psycho-physiologie, c'est-à-dire la science des relations qui existent entre l'organisme physique de l'homme, et la vie mentale et affective qui en est le résultat. Déjà Condillac, et, à sa suite, Rousseau, ont eu l'intuition de quelques-uns des problèmes qui se posent. Herbart et son école ont travaillé efficacement à préparer l'étude scientifique des phénomènes de l'attention. Mais ce sont les travaux de Wundt, Helmholtz, Fechner, Weber, auxquels vinrent s'ajouter d'importantes contributions des Anglais, qui ont fondé la Psycho-physiologie sur des bases solides, et lui ont fait faire des progrès énormes.

Sans doute, les applications qu'on a tenté de faire des résultats de cette science à l'étude de l'attention, laissent fort à désirer. Bien des problèmes ont été embrouillés ou mal résolus. Mais du moins ces problèmes sont posés, une méthode basée sur la physiologie est trouvée, et l'on risque moins de s'égarer dans des voies fantaisistes.

Depuis une vingtaine d'années, l'attention et les questions connexes ont été l'objet de travaux importants et nombreux de la part de savants allemands, anglais, français, italiens, américains, etc. On en trouvera cité quelques-uns au cours de ce travail. Qu'on nous permette toutefois de mentionner tout de suite la *Psychologie de l'Attention* de M. Th. Ribot, qui est certainement la meilleure étude de ce genre parue en France[1].

DÉFINITIONS DE L'ATTENTION

Il serait oiseux de reproduire ici toutes les définitions qu'on a essayé de donner de l'attention. Pourtant il sera bon d'en passer quelques-unes en revue.

Adressons-nous d'abord aux psychologues modernes pour essayer de nous orienter.

Nous trouverons chez eux des définitions fort divergentes, parfois même contradictoires. Non seulement chacun d'eux interprète à sa ma-

[1] On peut aussi consulter avec fruit l'ouvrage récemment paru de M. J.-P. Nayrac, *Physiologie et Psychologie de l'attention, évolution, dissolution, rééducation, éducation*. Paris, Félix Alcan, 1906.

nière les faits scientifiquement constatés, mais ils ne s'entendent pas même sur le sens précis du terme d'attention.

Les uns élargissent outre mesure le sens de ce mot ; les autres, et c'est le grand nombre, ne s'occupant que des conditions physiques de l'attention, négligent forcément certaines manifestations de cet état mental.

Quelques-uns, adoptant l'idée de Condillac, diront avec Harry E. Kohn : « L'attention et la conscience sont un seul et même phénomène. » — « L'essence de l'attention, c'est le processus de l'aperception. » — « L'attention est équivalente à l'état conscient. »

Oswald Külpe (*Grundriss der Psychologie, 1893*) dit qu'il y a dans l'état de conscience des états distincts, ascendant de degré en degré. Le plus haut degré de conscience c'est l'attention. — L'attention est, selon lui, un état de conscience où un petit nombre seulement d'entre les états de conscience inférieurs pénètrent, mais uniquement par des causes déterminées qui ne sont nullement les conditions de l'attention.

Volkmann (*Psych.*, p. 271) : « Cette tendance de la représentation d'acquérir un accroissement de représentations : voilà l'essence de l'attention. »

Ziehen dit que les phénomènes de l'attention sont les mêmes que ceux de l'association.

Tous ces savants élargissent la notion de l'attention. Ils ont une tendance à la noyer dans les états de conscience en général.

Hœfler fait un pas en avant : « Être attentif, c'est être prêt à une activité intellectuelle. »

De même G. E. Müller : « L'attention consiste à faciliter ou à aider les représentations. »

Pour Wundt[1] et Exner, comme pour M. Ribot, l'attention consiste au contraire à arrêter et à entraver le cours des représentations. Cette divergence d'opinions peut du reste n'être qu'apparente.

Nous voilà peu à peu arrivés au camp des savants qui insistent sur les bases physiques de l'attention Münsterberg, Ribot). Pour eux les phénomènes de l'attention sont les mêmes que ceux des sensations musculaires. M. Ribot (*Psych. de l'attention*, p. 68) dira par exemple, que les manifestations motrices (du corps) ne sont ni des causes ni des effets de l'attention, mais ses éléments mêmes : « Avec l'état de conscience, qui en est le côté subjectif, ces éléments (physiques) sont l'attention. »

Voici la définition de l'attention que donne M. Ribot : « Un état intellectuel, exclusif ou prédominant, avec adaptation spontanée ou artificielle de l'individu. » (*Ps. de l'att.*, p. 9).

DÉFINITION DE L'ATTENTION PAR M. MARION

Prenons pour point de départ, non pas telle d'entre les définitions mentionnées ci-dessus, mais tout simplement une définition empruntée à un psychologue de l'ancienne école : il se pourra que cette définition n'ait qu'une médiocre valeur scientifique, mais elle nous renseignera du moins sur le sens usuel de ce mot. Nous saurons comment un homme instruit et cultivé le comprend.

Voici par exemple une définition que nous empruntons à la *Psychologie appliquée à la pédagogie* dont l'auteur est M. Marion.

[1] La théorie de Wundt sur l'aperception sera l'objet d'une discussion spéciale. Voir page 74 en note.

« L'attention, c'est l'état de l'esprit pour ainsi dire tendu vers les objets qu'il veut mieux connaître, et tout occupé d'une pensée dominante. Comme l'attention n'est pas toujours volontaire, on dira plus généralement que c'est l'état de tension de nos facultés intellectuelles vers certaines impressions ou certaines idées à l'exclusion des autres. »

On peut sourire de cette formule. Évidemment M. Marion ne se rend pas bien compte de ce que pourrait signifier la « tension de l'esprit », ou des facultés intellectuelles. On pourrait croire qu'il ignore les mystères de la tension musculaire et de l'adaptation de l'œil. Mais sa définition a le mérite de nous renseigner très exactement sur le sens précis, adopté par l'usage, du mot « attention ».

Tout d'abord, M. Marion fait remarquer que l'attention est tantôt volontaire, tantôt involontaire ou forcée. Cette distinction, très familière au vulgaire, a le plus souvent été négligée par les psychologues de profession, qui ne connaissent que l'attention volontaire. M. Marion lui-même n'en fait pas état dans son cours. Quant à nous, nous en ferons le principe de la division de notre travail, principe adopté par l'école de Herbart, et, dans son récent ouvrage, par M. Ribot.

En second lieu, M. Marion donne à entendre que l'attention est le propre des êtres doués de conscience et de raison, puisqu'elle a pour but un acte de connaissance.

Cette remarque est importante, car elle nous permet d'écarter du cadre de cette étude des sujets étrangers, dont l'intrusion embrouillerait les problèmes à élucider.

Qu'on nous entende bien : Nous ne songeons nullement à interdire à la psychologie de l'attention une excursion dans le domaine de la psychologie animale. Nous croyons, au contraire, que ces recherches sont parfois d'une grande utilité. Mais il y aurait des inconvénients très graves à confondre l'*attention* qui veut *connaître* avec l'*attente* qui veut *posséder* ou supprimer un objet. L'impatience fébrile avec laquelle j'attends une lettre est un état d'âme tout autre que l'attention que j'apporterai à sa lecture, une fois que je l'aurai reçue et ouverte.

Autrement il faudrait appeler attention l'attitude d'un chien levant le gibier, ou d'un tigre guettant une proie. Or, ces animaux ne veulent pas connaître, mais se précipiter sur une proie.

Le sauvage n'est pas du tout incapable d'attention, comme on l'a prétendu, seulement elle s'exerce sur un nombre très limité d'objets. Il est attentif lorsqu'il cherche à connaître la marche, la direction, le nombre de ses ennemis, ou qu'il observe la configuration d'un lieu. Mais, quand il guette l'ennemi, il ne cherche plus à connaître, il veut tuer.

L'attention n'est, à certains égards, qu'un cas particulier de l'attente. Mais elle la dépasse aussi en tant qu'activité intellectuelle, tandis que l'attente comporte avant tout des phénomènes d'ordre physique et passionnel.

Nous écarterons donc, comme impropre, la définition suivante de l'attention que nous n'avons pas encore mentionnée (*Carl Gross. Zeitchrift für Psychologie u. Physiologie. IX. Page 327*) : « L'attention est toujours et exclusivement l'attente d'impressions à venir. Elle n'est pas la concentration sur une impression présente, mais l'attente d'une impression à venir, à laquelle on répondra par une réaction plus ou moins vive. » Selon cet auteur, l'attention consiste à guetter quelque chose, et cette disposition peut, dans l'attention inconsciente, mener jusqu'à une sorte d'autohypnose.

Encore une fois, cette manière de voir tend à faire rentrer parmi les phénomènes de l'attention des états affectifs : crainte, espoir, aversion, etc., qui ne se lient qu'indirectement aux phénomènes de l'attention ; de plus elle laisse de côté certains éléments essentiels de l'attention active, comme la volonté, le choix, etc.

Wundt (*Grundriss der Psychologie*, 4e éd., II, page 280) s'exprime ainsi : « L'attente est un état où l'attention active se porte non pas, comme ordinairement, vers un objet présent, mais vers une impression à venir. » Ici Wundt considère l'attente en tant qu'elle intervient dans un cas particulier de l'attention.

Revenons à la définition de M. Marion. Nous en retiendrons en troisième lieu ceci que l'attention cherche à connaître non seulement des objets sensibles et des faits, mais aussi des représentations d'objets et de faits, des idées. Je puis concentrer mon esprit sur une fleur, sur une pierre qui tombe, sur un discours que j'écoute. Mais je puis aussi être attentif à la justesse d'un raisonnement, à la beauté d'une invention poétique. Je puis diriger mon attention vers des faits passés et vers des probabilités futures.

Enfin, il est clair qu'il y a du vrai dans ce que M. Marion appelle « la tension de l'esprit ». Sans doute l'expression n'est pas heureuse, car il est toujours dangereux de transporter dans le domaine de l'esprit des images tirées de la vie physique. Qu'ont de commun la tension d'un muscle et la tension de l'esprit ?

Pourtant, ici encore, il ne faudrait pas trop se

hâter de rejeter la définition de M. Marion. Il veut dire que l'esprit attentif est occupé à *mieux connaître*, qu'il est occupé d'une *pensée dominante* à l'exclusion d'autres pensées. Nous voilà donc sur la trace d'un nouveau caractère général de l'attention, que M. Ribot appelle le *monoïdéisme*. Parfois, cependant, l'attention se concentre sur un groupe d'idées ou de faits. Il y aura, toutefois, lieu de faire quelques réserves sur ce sujet.

En nous en tenant au sens usuel de ce mot, nous pouvons donc dire que l'attention est l'état psychique et physique d'une personne consciente, qui, spontanément ou volontairement, fait un effort pour connaître un ou plusieurs objets sensibles, une ou plusieurs idées, à l'exclusion d'autres objets ou d'autres idées.

PSYCHOLOGIE ET MÉTAPHYSIQUE

Avant d'aller plus loin, nous tenons à expliquer dans quel sens nous employons certains termes qui sont d'un usage constant dans toute étude psychologique.

Lorsque nous parlons de l'esprit, de l'âme, ces expressions, et d'autres semblables, désignent l'ensemble des fonctions mentales, perception, mémoire, idées, sans que nous nous préoccupions des problèmes métaphysiques qui peuvent surgir à ce sujet.

La psychologie peut fort bien étudier les phénomènes de l'attention, sans prendre parti dans le débat entre monistes et dualistes, entre phénoménistes kantiens et réalistes. A vrai dire, les initiateurs allemands de la psychologie se sont plus ou moins nettement prononcés soit en faveur d'un monisme idéaliste, soit surtout de la philosophie de Kant, qui renonce à connaître la chose en soi, réalité inconnaissable qui se cache derrière les phénomènes sensibles. Wundt dira, par exemple, que l'aperception est une fonction qui n'a pas besoin d'être analysée. Il dira (*Grundriss der Ps.*, pages 438 et s.) que l'attention est une activité qu'on ne peut définir. Il croira avoir fait beaucoup en mesurant la durée de chaque aperception.

M. A.Pfaender (*Das Bewusstseyn des Wollens* Zeitsch., f. Ps. u. Physiologie XVII, page 321) pense que lorsqu'on compare et analyse les différents états psychiques de l'effort, on trouve comme élément commun et caractéristique un facteur *sui generis* qu'on ne peut définir : le sentiment de tension.

D'autres, à la suite des psychologues anglais, voudraient tout expliquer en ramenant tout à des facteurs d'ordre sensible. Alors même qu'ils ne réussissent pas à tout expliquer, ils expriment la conviction que l'entreprise reste possible, et qu'avec le progrès de la science, notamment de la physiologie, les derniers mystères seront éclaircis.

Les premiers nous semblent se contenter à bon compte ; et les autres se font de singulières illusions.

Nous serons donc plutôt portés à approuver la position prise dans ce débat par ceux qui préconisent une solution provisoire, sans préjuger du fond.

Rud. Weinmann (*Die erkenntnisstheoretische Stellung des Psychologen*, Zeitschrift für Psychologie u. Physiologie der Sinnesorgane XVII, page 215) veut qu'on en finisse une fois pour toutes avec la théorie des phénomènes et de la chose en soi, pour admettre purement et simplement la réalité des faits que la psychologie doit étudier.

W. Heinrich (même Revue IX, page 348) dit : « Notre point de vue sera le même que celui de toutes les autres sciences naturelles : ce sera un *réalisme naïf*, consistant dans une description des données immédiates de l'expérience, sans aucune ingérence des opinions philosophiques de l'observateur, ou d'une théorie quelconque sur la relation du psychique et du physique. Le zoologiste peut admettre que tous les phénomènes sont un leurre, qu'ils n'ont d'existence que dans son propre moi. Cela ne l'empêche nullement de considérer l'objet de son étude comme s'il jouissait d'une réalité parfaite, c'est-à-dire de le tenir pour aussi strictement réel que son observation s'y prête. Le naturaliste sait faire une distinction entre sa croyance philosophique et l'objet de ses investigations scientifiques. Le psychologue doit procéder comme le naturaliste. Il doit envisager son objet en s'inspirant d'un réalisme naïf... Une fois qu'elle a fixé les relations variables entre les dires et les actes humains, la tâche de l'expérience psycho-physique est terminée », etc...

Sans doute, lorsqu'un savant se trouve doublé d'un métaphysicien, il se résignera difficilement à une attitude aussi modeste. On sait, par exemple, quelle démonstration triomphale les expériences de Fechner et de Helmholtz sur les sons et les couleurs ont apportée au phénoménisme de Kant. En démontrant que la couleur et le son n'ont pas d'existence objective en tant que couleur et son, mais que ce sont des sensations dues à la conformation de nos organes, il semble qu'ils aient ouvert la porte toute grande à des spéculations philosophiques.

Cependant, il n'apparaît guère que ces spéculations aient directement servi la science. Celle-ci peut fort bien s'en passer, et elle fera bien. Voici, par exemple, comment s'exprime M. Lippmann, l'inventeur de la photographie en couleurs, dans un discours tenu devant l'Académie des sciences :

« Vous savez que la lumière est constituée, comme le son, par un système de vibrations bien défini. A chaque couleur correspond un mode de vibrations déterminé, et par conséquent, une structure également définie du rayon lumineux.

« La nature se sert de cette propriété de la lumière. Les ailes de certains papillons, les plumes de beaucoup d'oiseaux nous présentent des couleurs magnifiques. Pourtant ces ailes de papillons, ces plumes d'oiseaux sont faites d'une matière incolore.

« Seulement la nature a su imprimer à leur surface une structure très fine, qui est celle même du rayon que cette surface était destinée à réfléchir.

« Pour reproduire les couleurs par la photographie, il a suffi d'imiter la nature. Le procédé employé est très simple. Une couche sensible transparente, adossée à un miroir de mercure, est exposée à la chambre noire, puis développée et fixée à la manière ordinaire.

« Le résultat est une épreuve photographique faite d'une matière incolore, mais dans laquelle chaque rayon lumineux a lui-même moulé sa structure, et qui renvoie à l'œil, par réflexion, une lumière toute pareille à celle qui l'avait impressionnée. »

Encore une fois, il ne s'agit nullement ici de s'inscrire en faux contre le phénoménisme de Kant. Nous serions plutôt disposé à en reconnaître la haute valeur philosophique. Mais nous pensons que ces hautes spéculations n'ont qu'un rapport très lointain avec la science proprement dite ; celle-ci peut tranquillement poursuivre sa route sans se compliquer sa tâche par des incursions dans un domaine qui n'est pas le sien.

Les fonctions de l'esprit, qui se diversifient à l'infini, ne se dispersent pas au hasard, mais convergent chez chaque individu vers un point central qui est le *moi*. L'étude de l'attention suppose que celui-ci a la propriété de réduire à l'unité la diversité des impressions qui lui viennent du dehors ou qui résultent de son activité intérieure.

DIVISION DE CE TRAVAIL

Notre travail sera divisé en deux parties principales.

La première traitera de l'attention *involontaire* ou *spontanée*.

La deuxième partie sera consacrée à l'étude de l'attention *volontaire*.

Cette distinction a été attaquée par Sancte de Sanctis (*Studien über die Aufmerksamkeit*. Zeitschr. f. Psychol. u. Physiol. XVII, p. 205).

Il déclare que la distinction entre attention spontanée et attention volontaire n'est pas défendable dans la pratique, parce que tout acte d'attention même spontanée, c'est-à-dire instinctive ou habituelle, est lié en une mesure quelconque à un effort ; d'autre part, tout acte d'attention volontaire contient une part d'automatisme. Donc, dit-il « chaque processus d'attention possède un *exposant de volonté* qui est tantôt haut, tantôt moyen, tantôt bas, tantôt négatif (?) mais toujours difficile à déterminer ».

Comme on ne saurait dire où finit l'attention spontanée et où commence l'attention volontaire, M. de Sanctis conclut que cette distinction n'a de valeur que dans les expériences de laboratoire. Il propose une autre division. La première partie serait consacrée à l'attention naturelle, celle de la vie ordinaire, qui est l'objet de l'observation. La seconde comprendrait l'action conative ou artificielle, qui est l'objet de l'expérience scientifique, soit au laboratoire, soit à la clinique.

Nous ne suivrons pas plus loin cet essai de classification. On verra par la suite qu'elle ne saurait tenir compte de tous les éléments qui constituent l'ensemble de la science de l'attention.

M. Ribot a adopté, comme nous, la distinction entre l'attention spontanée et l'attention volontaire. Il appelle la première *naturelle*, la seconde *artificielle*. « La première, dit-il, est la forme véritable, primitive, fondamentale de l'attention. » Quant à l'attention artificielle, elle n'est qu' « une imitation, un résultat de l'éducation, du dressage, de l'entraînement ». (Ribot, *Psychologie de l'attention*, p. 3.)

Nous n'adopterons pas sans réserves cette manière de poser la question : l'attention spontanée comprend d'autres phénomènes que ceux de l'attention primitive : par exemple l'attention par aperception, qui suppose chez le sujet un certain développement intellectuel et l'acquisition de notions très nombreuses et très variées.

L'attention par aperception est peut-être le plus artificiel de tous les genres d'attention.

La première partie de notre travail comprendra donc deux chapitres sur l'*attention primitive*, suivis de plusieurs chapitres sur l'*attention par aperception*.

Sans doute, ces deux genres d'attention diffèrent complètement entre eux. Mais ils ont ceci de commun, qu'ils sont *involontaires*, étant toujours causés par un stimulant ou un facteur venu du dehors. Dans l'attention spontanée, l'initiative ne vient jamais du moi, mais toujours d'une cause extérieure qui surprend ou sollicite le moi. Sans doute, le moi, une fois réveillé, réagit contre l'impulsion subie ; mais une réaction n'est pas une action voulue, préméditée, choisie, dans le sens absolu.

Dans l'*attention volontaire*, sujet de la seconde partie de ce travail, l'initiative vient du *moi* qui se propose de mieux connaître. C'est le *moi* qui choisit ou pose la chose qu'il veut connaître ou reconnaître, ce qui n'empêche nullement qu'une part d'automatisme ne puisse intervenir aussi dans le fonctionnement de l'attention volontaire.

Notre division se légitime par la distinction très réelle et très nette entre l'attention spontanée et l'attention volontaire, telles que nous les avons définies. De plus, elle offre un cadre très commode pour exposer avec ordre toutes les matières qui rentrent dans la psychologie de l'attention. Le véritable auteur de cette division, c'est Herbart.

PREMIÈRE PARTIE

L'ATTENTION SPONTANÉE

CHAPITRE PREMIER

L'ATTENTION PRIMITIVE

I

DÉFINITION DE L'ATTENTION PRIMITIVE

Au milieu d'un grand silence, on entend subitement un coup de canon. Aussitôt, l'attention de tout le monde se montre très préoccupée de ce fait imprévu. Parfois on cherche à s'expliquer les causes qui l'ont produit.

Un Persan, en costume national, fait son entrée dans un salon, sans être attendu. Aussitôt il devient l'objet de l'attention générale.

Dans une ville de l'étranger, je vois mon propre nom inscrit sur l'enseigne d'une boutique : me voilà attentif malgré moi.

L'attention peut donc être excitée, involontairement, par une vive impression, par la perception d'un contraste ou d'une ressemblance inopinée.

Dans tous ces cas, il ne dépend pas de moi d'être ou de n'être pas attentif. C'est bien de l'attention *involontaire*, quelle que soit la part de volition qui puisse s'y mêler dans la suite de processus psychique.

Tant que l'attention n'est mise en éveil que par le choc d'une impression très simple sur les sens, nous l'appelons *attention primitive*, élémentaire. Dans ce cas, l'attention se manifeste sous la forme d'une simple réaction sensorielle, accompagnée ou suivie d'un jugement élémentaire, car elle a toujours pour fin un acte de connaissance.

Lorsque le choc subi par le moi donne lieu à des états psychiques plus compliqués, notamment lorsque le fonctionnement de l'attention spontanée nécessite le concours de grandes masses d'idées emmagasinées dans la mémoire, lorsque le choc donne lieu à des perceptions plus ou moins nombreuses ou complexes de ressemblances ou de différences, alors l'attention cesse d'être primitive, élémentaire. Nous l'appelons dans ce cas : *attention par aperception*.

L'attention primitive est l'état psychique du moi, qui, après avoir subi le choc d'une impression suffisamment vive, cherche à connaître l'objet ou le fait d'où lui est venue cette impression. Cette forme de l'attention marque le premier réveil de l'attention chez l'enfant et chez l'homme inculte. Mais elle joue un rôle très grand, quoique occulte, à tous les âges de la vie.

Elle se prête le mieux à des observations artificielles, à des expériences de laboratoire ou de clinique.

Nous disons donc que l'attention primitive résulte d'une vive impression sur les sens.

Généralement ces sortes d'impressions sont accompagnées d'une forte émotion : étonnement, crainte, terreur, joie, douleur, etc.

Si ces émotions sont trop violentes, elles forment obstacle à l'attention. La stupeur de l'épouvante, l'ivresse du plaisir sont incompatibles avec le désir ou la volonté de connaître. Lorsqu'une émotion est trop intense, il faut laisser s'écouler un certain temps, pour lui permettre de se calmer, et pour laisser le champ libre à l'attention. Les émotions douces entravent moins le fonctionnement de l'attention, mais il est certain qu'elles n'y contribuent en rien.

Pour exciter l'attention, il suffit que l'impression soit *vive*, mais il n'est pas du tout nécessaire qu'elle soit *intense*. Il y a lieu, en effet, de distinguer entre la vivacité de la sensation et son intensité. Ce sont des grandeurs d'espèce différente, presque sans commune mesure : « Il faut discerner entre l'intensité d'une sensation et son degré de vivacité. Des sensations très peu intenses peuvent être très vives. La vivacité est un état de conscience, l'intensité c'est le rapport de l'état de conscience avec le degré de l'excitation ». (Gustav Wagner contre Külpe. Zeitschrift f. Psych. u. Phys. IX, p. 27.)

On pourrait s'en référer à la loi de Weber : « A des différences égales de stimulants correspondent des différences égales de sensations ; à de moindres différences d'excitants correspondent des différences moindres de sensation. » Cependant l'intensité des sensations et les différences d'intensité de sensation sont des quantités incommensurables. Dans le silence de la nuit, mon attention peut être fortement surexcitée par un bruit très léger : une souris qui grignote dans un coin, un chien qui hurle dans le lointain, le pas d'une araignée qui résonne comme un doigt mystérieux qui frapperait à la porte. Tel bruit presque imperceptible peut causer autant de terreur ou provoquer autant de curiosité qu'un coup de canon.

La vivacité de l'impression, étant un état de conscience, dépend de toutes les modalités que peut subir cet état, depuis cet état à demi conscient, ou subconscient, qui est le prolongement ou l'écho d'une impression qui vient de s'éteindre (Mandsley) jusqu'à ce raffinement de notre organisme sensoriel et mental qui facilite la perception des moindres nuances de sons, de couleurs, d'idées.

Encore faut-il remarquer qu'il existe, eu égard à la vivacité des sensations, des différences notables entre les individus, et, à des moments divers, chez le même individu.

Ecoutons Fechner (*Eléments de Psychologie*, p. 45). « Même avec un choc égal, une seule et même excitation peut être ressentie, par un sujet ou par un organe, plus ou moins fortement que par un autre sujet ou un autre organe ; elle peut être ressentie par un sujet ou un organe plus fortement ou plus faiblement à un moment donné qu'à un autre moment ; réciproquement, des excitants de grandeur différente peuvent parfois donner lieu à des sensations équivalentes. Selon l'occasion, nous attribuons au sujet ou à l'organe, une plus grande ou une plus faible sensibilité. »

Il va sans dire que l'attention primitive s'exerce surtout dans le domaine des cinq sens. Dès que nous abordons le domaine des idées, l'attention revêt d'autres formes.

Mais, quoique l'étude du fonctionnement des organes sensoriels s'impose à nous, les problèmes à élucider ne sont pas en tous points les mêmes que ceux de la psycho-physique. Il ne s'agira par exemple pas du tout de fixer la durée minima d'une perception[1], ni le minimum d'intensité d'une impression pour qu'elle devienne consciente ; mais il faudra étudier les conditions diverses nécessaires pour produire un minimum d'attention, c'est-à-dire un minimum d'effort en vue d'un acte de connaissance. Ce minimum d'effort, qui n'est qu'une simple réaction avant de devenir une volition proprement dite, sera donc le premier sujet de notre étude.

II

RÉACTIONS SENSORIELLES CAUSES CENTRALES ET CAUSES PÉRIPHÉRIQUES

Un des problèmes les plus controversés de la psycho-physiologie appliquée à l'attention est celui-ci : l'attention est-elle une fonction *sui generis* du moi central, indépendante du changement subi pour l'organe sensoriel ? Ou bien n'est-elle qu'un réflexe des sensations éprouvées par l'organisme physique ?

Dans le premier cas, l'attention aurait une cause intérieure, « centrale ». Dans la deuxième éventualité, l'attention aurait une cause dite « périphérique ».

Helmholtz, par exemple, soutient que l'attention primitive est une fonction émanant d'un organe central ; qu'elle est toujours libre de concentrer l'effort conscient où il lui plaît, par

[1] Nayrac, *Physiologie de l'attention*, p. 74 et 90 : Toutes ces mesures psychométriques contiennent des éléments hétéroclites. — Le même fait (p. 91) une énumération plaisante de dix-sept cas de conclusions résultant de la psychométrie américaine.

exemple sur tel point d'un champ visuel donné, aperçu à la lumière d'une étincelle, et que cet effort est indépendant de la réaction naturelle de l'œil sous forme d'adaptation de la vue. Dans ce cas, ce ne serait pas l'œil qui s'adapterait mécaniquement à la vision de l'objet, mais ce serait la faculté d'attention qui adapterait l'œil en vue d'une fin.

EXPÉRIENCES DE W. HEINRICH SUR L'ADAPTATION DE L'ŒIL

M. W. Heinrich, de Vienne, a imaginé une série d'expériences pour déterminer si l'état d'adaptation de l'œil varie en même temps que varie l'objet de l'attention, ou s'il y a désaccord entre la faculté d'adaptation et la faculté d'attention.

A cet effet, il a mesuré sur plusieurs sujets, au moyen de l'ophthalmomètre, la grandeur de la pupille et celle du cristallin de l'œil dans les trois cas suivants : Vision centrale (de face), vision latérale, vision durant laquelle le sujet est distrait par une occupation d'un genre très différent, par exemple un calcul mental compliqué. L'œil devait être tenu immobile. Le sujet devait lire à haute voix des lettres de 2,5 à 4 centimètres de hauteur sur un disque blanc. L'objet de la vision conservait dans toutes les positions une distance uniforme de 40 centimètres. On nous dispensera de reproduire les précautions minutieuses prises pour obtenir des résultats aussi rigoureusement exacts que possible.

Voici les résultats de la mesure de la pupille dans les trois états mentionnés ci-dessus :

Position de face...............	2,8954
Vision latérale à 40 cent......	3,1697
Vision avec distraction..	3,2707

Les changements de grandeur sont-ils la conséquence d'une adaptation automatique de l'œil? Ou sont-ils dus à l'initiative du sujet ?

Pour répondre à ces questions, M. W. Heinrich a mesuré les variations du cristallin au cours de ces trois positions; et voici les résultats : Dès que la vision latérale intervenait, il y avait changement d'adaptation. Durant la vision avec distraction, l'œil ne s'adaptait pas du tout.

Donc :

1) L'adaptation de l'œil n'est pas indépendante du changement de direction de la vision. Dans la vision latérale, l'accommodation se modifie quoique la distance de l'objet reste la même. Ce changement consiste dans l'aplatissement du cristallin et dans l'agrandissement de la pupille.

2) Dans le cas d'une distraction, l'œil ne s'accommode plus, il peut même survenir un aplatissement du cristallin plus prononcé que dans la vision lointaine.

3) Dans la vision latérale, l'incurvation du rayon augmente d'abord en proportion de l'angle sous lequel se trouve l'objet par rapport à l'axe.

4) Si l'attention est distraite, la convergence des rayons visuels se rapproche de la position parallèle.

L'adaptation exacte a pour but de concentrer sur un point de la rétine (la tache jaune) les rayons envoyés par l'objet, incurvés par le système dioptrique de l'œil. L'image obtient ainsi la plus grande netteté.

Si l'adaptation est inexacte (par exemple pour

la vision latérale) le cristallin s'aplatit, les rayons s'incurvent, l'image recule, ne tombe plus sur la rétine, mais se disperse sur cette dernière. Alors le cristallin et la pupille se dilatent pour recevoir le plus grand nombre possible de rayons; mais cela aussi augmente la diffusion de l'image. Il se produit alors une accommodation *approximative*.

Donc l'adaptation est un phénomène d'attention nettement caractérisé, puisqu'elle a pour but un acte de connaissance.

Ce n'est pas tout : On peut conclure de cette expérience que l'attention, tout au moins l'attention primitive, ne peut être excitée à la fois par plus d'un seul genre d'occupations. Pendant que le sujet poursuivait son calcul mental, le cristallin s'aplatissait plus que jamais, et les axes oculaires prenaient la position parallèle.

Donc les changements physiologiques, observés dans l'œil, sont en rapport direct avec les phénomènes constatés de l'attention : quand les conditions physiologiques favorisent l'excitation sensorielle, l'impression devient plus nette et s'impose à l'attention. Dans le cas contraire l'impression perd sa netteté.

Peut-on appeler attention ce phénomène d'adaptation en vue d'une perception plus nette?

Cela est hors de doute, car il tend évidemment à « mieux connaître »; il y a concentration sur un objet à l'exclusion des autres, et cette concentration se présente sous forme de tension musculaire, d'innervation en vue d'une activité renforcée : l'œil, qui est naturellement mou, devient rigide pendant le cours des opérations mentionnées plus haut.

III

LES OSCILLATIONS RYTHMÉES DE L'ATTENTION

Les savants qui ont étudié expérimentalement les réactions sensorielles ont opéré sur des impressions relativement très faibles. Au cours de ces expériences ils ont découvert un très curieux phénomène : *les oscillations de l'attention* (*Die Schwankungen der Aufmerksamkeit*).

Ce sont les variations périodiques propres aux impressions faibles. Les périodes sont plus ou moins courtes ; elles peuvent s'étendre jusqu'à une demi-minute, et plus. Chaque période peut se décomposer en un temps où la perception ne se fait plus, suivi d'un temps où elle reparaît faiblement pour croître en intensité ; après qu'elle a atteint son point culminant, elle décroît jusqu'à une nouvelle disparition de l'impression. Il va sans dire que la cause objective d'excitation ne doit subir aucune variation d'intensité.

On a observé des oscillations analogues pour tous les genres de perception, notamment pour la vue, l'ouïe et le toucher.

Avant d'essayer de nous faire une opinion sur les causes de ces oscillations, écoutons les explications qu'on en a données.

TATONNEMENTS DE L'ADAPTATION EXACTE

Pour M. W. Heinrich (Zeitschrift f. Ps. u. Ph. IX. p. 387), les oscillations de l'attention, quant aux perceptions optiques sont dues *à des tâtonnements* qui préparent l'exacte accommodation de l'œil. Il a remarqué que les images réfléchies des deux cristallins ne sont jamais à l'état de repos complet. Ce sont, dit-il, les impressions faibles qui ont besoin d'une accommodation rigoureuse de l'organe sensoriel, de conditions de perception plus favorables. Autrement elles tombent sous le seuil de la conscience. Dans le cas où l'excitant est intense, la perception se fait toujours, quand même l'adaptation de l'œil serait imparfaite. Quand l'impression gagne en intensité, les oscillations disparaissent.

M. Ribot (*Psych. de l'attention*, p. 16) cite l'opinion de Mandsley : une stimulation venant de l'objet produit une adaptation incessamment répétée.

Lui-même semble du reste abandonner l'hypothèse des tâtonnements. Il part du principe fort juste « qu'une immobilité absolue de l'impression anéantirait la perception... De là la nécessité de ces intermittences dans l'attention, souvent imperceptibles à la conscience, parce qu'elles sont très courtes et d'un ordre très délicat. Il n'y a pas de perception sans mouvement. »

Nous ferons remarquer que les changements accidentels, variés à l'infini, que subit nécessairement toute perception, surtout lors des tâtonnements qui suivent le premier choc, n'ont rien de commun avec le phénomène que nous étudions. Les premiers, étant dus à une infinité de causes internes et externes, échappent à tout contrôle. Mais les oscillations dont nous parlons sont rythmées, et l'on ne saurait se méprendre sur leur caractère tout spécial.

D'autres parlent vaguement d'un rythme des oscillations, et en font un élément quelque peu mystérieux, presque mystique. C'est dans ce sens qu'on peut entendre la définition élégante de Wundt : « Cette oscillation c'est l'activité rythmique de l'aperception . »

Ainsi l'opinion des savants susdits va de l'hypothèse des tâtonnements de l'adaptation à celle de la perception rythmée. Pour quelques-uns, ces oscillations proviennent de la nécessité d'adapter très rigoureusement l'organe en vue d'une perception faible, *pour empêcher celle-ci de devenir inconsciente.* Pour le moment nous retenons cette observation.

Pour les autres, c'est en vertu d'une loi générale de la nature que les perceptions faibles sont soumises à un rythme. Nous ferons observer que cette affirmation ne constitue pas une explication du phénomène.

Consultons quelques-uns de ceux qui en proposent une explication nettement physiologique.

Münsterberg dit que les oscillations susdites sont le tâtonnement de l'adaptation, combiné avec le rythme de la respiration. Il pense que les contractions musculaires du corps font partie intégrante de tout phénomène d'attention. Sur ce point il est d'accord avec M. Ribot.

Il nous faut aussi tenir compte des expériences de M. Wiersma (*Untersuchungen üb. d. sogen. Aufmerksamkeitsschwankungen.* Zeitschr. für. Psych. u. Phys., XXVI).

EXPERIENCES DE WIERSMA SUR LES OSCILLATIONS DES PERCEPTIONS

M. Wiersma a voulu déterminer si les oscillations de *perceptions* alternant avec des *non perceptions*, sont dues à des causes périphériques ou à des causes centrales. Dans le premier cas, elles résulteraient automatiquement de la disposition des organes sensoriels ; dans le deuxième cas, elles proviendraient de l'intervention du moi. En d'autres termes, il s'agit de savoir si ce sont des oscillations des perceptions ou des oscillations de l'attention.

Les observations de M. Wiersma ont porté sur des oscillations des perceptions de la vue, du toucher (par la pression) et de l'ouïe. Pour les trois genres de perception, les résultats généraux sont identiques ou plutôt parallèles; mêmes rapports de durée entre les alternances de perception et de non perception, et l'intensité de l'excitant.

Quant à la durée des périodes, elle est variable et légèrement capricieuse. On ne peut tabler que sur des moyennes. De plus, les durées varient d'un individu à l'autre. Mais elles *diminuent et s'accroissent d'une façon constante* chez le même individu, et toujours *proportionnellement à l'intensité du stimulant*.

LOI DES OSCILLATIONS

La durée du temps de non-perception augmente proportionnellement à l'affaiblissement du stimulant. Le temps de perception augmente plus ou moins régulièrement, proportionnellement à l'agrandissement du stimulant.

Il y a donc tendance des états de conscience à devenir inconscients (article cité, p. 199). Pierre Janet a constaté que certains symptômes de l'hypnose s'expliquent par la tendance des états de conscience à devenir inconscients.

Donc la durée des non-perceptions et celle des perceptions dépend inversement de l'intensité du stimulant. Pour chaque organe on peut choisir l'intensité du stimulant de manière à obtenir des oscillations de plus ou moins grande durée (moyenne).

Jusqu'ici il y a donc lien de dépendance entre l'oscillation et la perception. Les oscillations, loin de provenir du moi attentif, semblent avoir une origine périphérique.

Cependant, M. Wiersma a fait d'autres constatations qui lui ont semblé prouver que dans ces mêmes phénomènes, l'activité centrale, l'initiative du moi, joue aussi un certain rôle.

Il a remarqué que chez des individus différents la capacité de percevoir les oscillations, tantôt se perfectionne par l'exercice, tantôt diminue par la fatigue. L'une ou l'autre de ces dispositions est constante chez le même individu. Donc, dit-il, ces oscillations proviennent, au moins en partie, de l'attention proprement dite, du sujet attentif, c'est-à-dire de causes centrales.

Nous ferons remarquer qu'ici l'intervention du moi attentif se réduit en fait à peu de chose. La fatigue ou l'exercice entravent ou favorisent toutes les impressions venues du dehors, qu'elles soient rythmées ou non, fortes ou faibles. Mais la fatigue et l'exercice sont des facteurs d'un autre ordre que le moi attentif. Il ne faut pas confondre un fait avec les circonstances qui l'accompagnent.

Au fond *il n'y a pas d'oscillations de l'attention*. Il n'y a que des oscillations de perception, l'attention ne peut intervenir que pour interpréter ces variations.

ÉTAT D'EXCITATION FONDAMENTALE

Pour expliquer ces alternances de perception et de non-perception, il ne suffit pas de recourir avec Münsterberg, au mécanisme de la respiration. Il en est encore bien d'autres, résultant de la digestion, de la circulation du sang et d'autres causes semblables, dont l'ensemble constitue l'état d'excitation normal et habituel propre à tout un organisme physique

Pour nous faire mieux comprendre, on nous permettra une petite digression, d'autant plus utile qu'elle nous familiarisera avec un ordre de faits qui tiennent de près au fonctionnement de l'attention primitive.

M. W. von Tschisch (*Warum sind Raum u. Zeitanschauung bestaendig u. unentbehrlich* ? Zeitschrift. f. Psych. u. Phys. XVIII p. 368 s'est appliqué à démontrer pourquoi les notions de temps et d'espace sont les conditions indispensables à toute perception. Les notions de temps et d'espace ne sont nullement « le résultat d'un jugement sur le changement des représentations (Wundt) ». Elles préexistent à toute espèce de phénomène de conscience, puisqu'elles seules le rendent possible. Sans ces notions tout travail intellectuel de l'attention sensorielle devient impossible. L'attention est un fait accidentel, exceptionnel ; la notion de temps et d'espace est constante, ininterrompue ; elle subsiste même pendant le sommeil, dans le rêve ; les hypnosés la possèdent au plus haut degré, puisqu'ils peuvent exécuter un mouvement quelconque à un moment fixé d'avance (Charcot et Delbœuf), alors que pour toutes les autres représentations ils sont facilement trompés.

« Même les animaux possèdent le sens de l'espace, de la direction, du temps. On a vu, en Angleterre, une troupe d'oies se mettre en marche tous les quinze jours dans la direction d'une petite ville ; c'était le jour où s'y tenait un marché aux grains. Les oies arrivaient à heure fixe, même quand, pour une cause accidentelle, le marché, étant remis à un autre jour, ne se tenait pas. »

D'où vient la faculté qu'ont beaucoup de personnes de se réveiller à l'heure fixée par elles-mêmes au moment de s'endormir ?

CONSTANCE ET NÉCESSITÉ DES SENSATIONS DE MOUVEMENT ET D'ÉQUILIBRE

« Evidemment l'organisme physique possède en lui-même des éléments suffisants pour apprécier la mesure du temps et pour se diriger dans l'espace. Ces éléments sont de deux ordres différents. Ce sont d'abord les mouvements très réguliers, absolument constants, indispensables à la vie même, qui caractérisent le processus physiologique de la respiration, de la circulation du sang, de la digestion et d'autres fonctions analogues. Cette sensation de mouvement, qui n'est que la conscience de vivre, a pour caractères la constance et la nécessité. Elle ne peut cesser qu'avec la mort. »

« En second lieu, la constance et la nécessité sont les attributs inséparables des fonctions des organes *d'équilibre*. Le vertige et les troubles qui naissent d'un défaut d'équilibre rendent toute activité intellectuelle impossible. L'équilibre est tout aussi indispensable pendant le sommeil qu'à l'état de veille. La sensation d'équilibre contribue donc aussi à entretenir la notion fondamentale de continuité et de nécessité, qui est le propre des notions d'espace et de temps. »

Des sensations de mouvement et d'équilibre naissent probablement déjà durant l'existence intra-utérine. M. de Tschich en conclut que la substance grise de l'encéphale contient toujours des sensations de mouvement et d'équilibre. On ne conçoit pas que la vie intellectuelle puisse s'en passer[1], tandis qu'on peut fort bien se représenter un cerveau privé de tous les autres genres de représentations.

Il y a donc chez tout homme un état d'excitation normal et habituel, constant et indispensable, qui résulte de ce phénomène ininterrompu de mouvement et d'équilibre, sensation obscure mais continue, état fondamental, exempt de variations.

EXCITATION FONDAMENTALE ET SENSATION DIFFÉRENTIELLE

Lorsqu'il survient une sensation extraordinaire il peut arriver qu'elle soit assez forte pour étouffer la sensation fondamentale. Il peut aussi arriver qu'elle soit trop faible pour prédominer sur l'état d'excitation habituel; dans ce dernier cas la sensation différentielle ne parvient pas à l'état de conscience.

Entre ces deux degrés d'intensité il y a place pour une mesure moyenne d'intensité, où la perception différentielle est tenue en équilibre par la sensation fondamentale : alors il se produit ces alternances de perceptions et de non perceptions que nous appelons des oscillations rythmées.

On les remarque fort bien lorsqu'on écoute le bruit d'une chute d'eau lointaine, ou qu'on regarde fixement les premières étoiles qui luisent faiblement après le crépuscule, ou lorsqu'on subit au bout des doigts une pression continue très douce.

L'auteur de ce travail se souvient d'avoir très souvent perçu ces oscillations rythmées, long-

[1] Durant un accès du mal de mer, il est impossible de se livrer à une occupation intellectuelle.

temps avant de savoir que les psychologues se préoccupaient de ce fait. Il les attribuait à des causes accidentelles, et ne songait naturellement pas à en chercher les véritables causes.

Qu'on nous permette ici une comparaison qui, sans rien prouver, fera comprendre ou deviner la nature de ce phénomène.

Dans un appartement, où règne un silence complet, il y a deux pendules de salon, A et B. Supposons que le tic-tac de la pendule A soit léger et rapide, et que le tic-tac de la pendule B soit un peu plus lent, tout en faisant un bruit sensiblement égal. Si cette dernière ne marchait pas, le bruit continu de la première ne serait, sans doute, pas perçu. Si la seconde marchait seule, on y prêterait, peut-être, plus d'attention, le bruit étant plus saccadé; mais, peu à peu, on cesserait, sans doute, de le percevoir.

Du moment qu'elles marchent ensemble, je ne puis m'empêcher d'y faire attention. L'impression fondamentale sera le tic-tac de la pendule A; l'autre représentera l'impression différentielle.

Tantôt elles sembleront marcher d'accord, alors la perception s'effacera, l'attention s'endormira. Puis l'accord se rompra, et, à mesure que les deux mouvements sembleront se contrarier, l'attention sera surexcitée, jusqu'à ce qu'elle s'émousse et s'endorme lors de la prochaine période d'accord.

Supposons que le bruit de la pendule B croisse en intensité, et qu'au lieu d'un bruit relativement léger on entende comme des coups de marteau, il arrivera un moment où je n'entendrai plus du tout la pendule A, et où les oscillations des perceptions cesseront.

Supposons que le bruit de la pendule B aille,

au contraire, en diminuant, il arrivera un moment où je ne percevrai plus que le bruit de la pendule A, et alors ce dernier bruit pourra rester à son tour inaperçu.

Le bruit de la pendule A correspond à ce que nous appelons l'excitation fondamentale.

Nous portons, en nous-mêmes, dans notre organisme physique, des organes de mouvement et d'équilibre dont le rôle est analogue au bruit léger et continu de la pendule A. A cette excitation constante et régulière viennent s'associer des excitations accidentelles venues du dehors qui, en vertu de leur faiblesse, sont tenues tantôt en équilibre, tantôt en échec par la sensation fondamentale. De là ces alternances de perceptions et de non perceptions.

LOI DE MARBE

Dans ce sens, nous nous approprions les remarques suivantes, de M. Marbe, que nous trouvons citées dans le travail de M. W. Heinrich (Zeitschrift f. Ps, u. Ph.IX. p. 388. Voyez : *Philos. Stud.* VIII, p. 636) :

« Les oscillations des sensations de la vue sont dépendantes du rapport de l'intensité de l'excitant différentiel avec l'intensité de l'excitant fondamental. Elles dépendent des différences d'intensité des sensations qui correspondent à ces deux ordres d'excitation. Après que le rapport des excitants différentiel et fondamental a dépassé une certaine mesure, les oscillations cessent. »

Nous disions, plus haut, que ces oscillations sont de simples phénomènes de perception. Sans doute, l'attention y participe sous la forme de phénomène d'adaptation des organes sensoriels. Pourtant, les oscillations ne sont pas précisément des tâtonnements de l'adaptation puisqu'elles se perçoivent le mieux, une fois l'adaptation faite. De plus, il y manque presque toujours un élément de tout phénomène d'attention : c'est l'élément intellectuel, le désir de mieux connaître.

OPINION DE M. LANGE SUR LES OSCILLATIONS DE L'ATTENTION

Certains savants s'obstinent cependant à attribuer ces oscillations des perceptions à l'intervention du moi. C'est ce qui ressort d'un travail de N. Lange mentionné par M. Ribot :

« M. N. Lange constate que ces variations ne peuvent être que subjectives et qu'elles ne sauraient être attribuées à la fatigue de l'organe. Il en conclut nettement qu'elles sont de cause centrale et dues aux oscillations de l'attention. » La perception sensorielle se décomposerait en images qui se succèdent. Le renforcement existant dans l'attention viendrait de ce qu'à l'impression actuelle s'ajoute l'image d'une impression antérieure. L'attention sensorielle serait une assimilation de l'impression réelle, qui reste immuable, avec l'image antérieure, qui subit des oscillations. »

Nous renonçons à comprendre comment l'image d'une sensation passée peut renforcer, au sens matériel, une sensation actuelle, et nous laissons à nos lecteurs le soin de choisir entre cette théorie, étrangement artificielle, et l'explication que nous avons donnée du phénomène des oscillations rythmées des perceptions faibles.

Si, même, la théorie de M. Lange pouvait expliquer le renforcement de la perception, elle ne saurait nullement rendre compte de son affaiblissement, et encore moins de sa disparition temporaire.

Le même savant fait l'observation suivante : « Lorsqu'on est attentif à la fois à deux excitants, l'un optique, l'autre acoustique, les deux séries d'oscillations ne coïncident jamais : elles sont toujours séparées par un intervalle parfaitement déterminé. »

Cette observation ne prouve en rien que les oscillations soient de nature subjective. Il faudrait la compléter et, peut-être, la corriger par les observations de M. Wiersma dont nous avons rendu compte.

Ce dernier admet, il est vrai, que dans la genèse des oscillations, une part puisse revenir au sujet attentif, parce que chez des individus différents la perception des oscillations a été entravée par la fatigue ou facilitée par l'exercice. Or, ni dans la fatigue, ni dans l'accoutumance, la faculté d'interprétation ou de jugement, qui est le propre de l'attention, ne joue le moindre rôle.

En résumé, dans le phénomène des oscillations rythmées des perceptions faibles, le rôle de l'attention est peu considérable. Il se réduit à une simple adaptation des organes sensoriels et ne contribue que très vaguement à un acte de connaissance.

IV

ROLE DES SENSATIONS MUSCULAIRES D'APRÈS WUNDT

Essayons de nous rendre compte du rôle des mouvements musculaires, qui accompagnent l'adaptation des organes sensoriels, dans l'acte de connaissance qui caractérise l'attention primitive.

Ici, nous nous retrouvons en présence de deux théories contradictoires. Celle de Wundt admet l'intervention du moi au moyen de sensations révélatrices qui interprètent la signification des mouvements musculaires. La théorie contraire admet bien une sensation générale de mouvement musculaire, mais elle statue que l'adaptation des sens suffit à elle seule à interpréter les perceptions. Aux *causes centrales* de l'école de Wundt, ils substituent les *causes périphériques*, au moins dans le cas d'attention primitive.

Ecoutons d'abord un partisan de la théorie de Wundt :

M. Max Arrer (*Ueber die Bedeutung der Convergenz u. Akkomodations bewegungen für die Tiefenwahrnehmungen*. Philos. Studien XIII. 1896 et 1897) a reproduit les expériences de Wundt sur la vision d'un fil avançant ou reculant insensiblement. Il se sert aussi de deux fils, l'un fixe, l'autre mobile. Il s'agit de déterminer si le sujet réussit ou non à apprécier les profondeurs, c'est-à-dire les distances.

Or, dans un grand nombre de cas, les appréciations furent justes. A quoi attribuer ce résultat?

M. Arrer adopte la théorie de Wundt : quand le sujet ne réussit pas à émettre un jugement de comparaison, c'est qu'il avait perdu la notion de la distance normale. Quand l'appréciation de la profondeur était exacte, cela provenait d'un travail d'assimilation : la distance normale subsistant dans la mémoire reculait dans l'espace, elle s'assimilait la nouvelle sensation de convergence, et cette sensation rendait compte du changement de profondeur. Il suffit donc d'un accroissement de sensation musculaire, motivé par la modification d'une convergence croissante, pour donner l'impression de l'éloignement.

Arrer et Wundt admettent donc dans l'espèce une sorte de langage explicatif, émanant d'une sensation musculaire, très finement nuancée (le nerf moteur de l'œil compte environ 15,000 fibres !), conforme aux mouvements musculaires très délicats de l'œil qui conditionnent l'accommodation et la convergence. Ce n'est ni l'adaptation ni la convergence qui révèle la profondeur, mais la sensation qui en résulte.

M. Fr. Hillebrand (Zeitschrift f. Psych. et Phys., XVI, p. 109 s.) n'a pas de peine à renverser ce système de sensations révélatrices. Tout d'abord il a repris l'expérience de Wundt dans des conditions beaucoup plus rigoureuses, de manière à exclure toute possibilité de se laisser guider dans les appréciations de distance par telle circonstance accidentelle. Il n'emploie que la vision monoculaire à travers un tube.

Le résultat fut négatif, sauf lors du déplacement brusque de l'objet. L'Anglais Dixon, qui a fait la même expérience, rapporte que, sauf un seul cas, le résultat fut tout aussi négatif. Dans ce cas unique, le sujet a déclaré avoir intentionnellement suspendu l'adaptation et avoir trouvé juste, après la suspension momentanée, moyennant quelques tâtonnements.

Donc, dit M. Hillebrand, il y a eu simple sensation d'accommodation, innervation volontaire. C'est sous la direction d'une représentation localisatrice que se font les changements de l'adaptation. Il est tout à fait inutile d'admettre l'hypothèse d'une gamme de sensations révélatrices correspondant à la série des mouvements musculaires. Le mécanisme très délicat de ces mouvements mêmes, agissant sous le contrôle optique (mais non pas sous l'impulsion d'une cause centrale), suffit pour expliquer la vision en profondeur. « Mouvoir ne signifie pas nécessairement : « éprouver des sensations de mouvement. »

La vision en profondeur est donc un phénomène d'attention primitive analogue à ceux que nous avons étudiés plus haut : Un objet se présente à la vue ; aussitôt l'attention est réveillée ; on aspire à connaître la distance au moins relative où se trouve cet objet ; il se fait une tension, un effort (conscient ou inconscient) sous forme d'innervation de l'œil, d'adaptation de la vue, de convergence, mais tout cela se fait automatiquement sous le contrôle optique. Il peut y avoir sensation musculaire, c'est-à-dire conscience des mouvements musculaires, mais il n'y a pas un ordre de sensations spéciales qui aient pour tâche de guider l'attention. En fait de sensation de ce genre, nous n'imaginons que la sensation de fatigue qui peut-être pourrait, dans certains cas, donner l'idée ou l'illusion de l'éloignement.

LA VISION NORMALE EN PROFONDEUR

Sans doute nous avons raisonné jusqu'ici sur un cas artificiel. Dans la réalité ordinaire, les choses se passent autrement. C'est au moyen de la vision binoculaire que nous percevons la profondeur, le relief et la distance.

La vision binoculaire permet de juger de l'éloignement d'un objet par l'écart plus ou moins considérable entre les deux images réfléchies sur les deux rétines, comparé à la vision d'un objet placé de telle manière, ou envisagé de telle manière, que l'écart entre les deux images soit nul. Le point occupé par cet objet, que Hillebrand appelle le *noyau*, n'est pas le même dans tous les cas, car il peut varier selon le degré de convergence oculaire et d'adaptation de l'œil. (Il n'existe pas de « distance normale » dans le sens absolu du mot.) Ce point de repère une fois fixé, on part d'un autre point, fixe celui-là, le plus rapproché possible, par exemple les parties de notre propre corps que nous pouvons apercevoir. Ce point de départ donne des images doubles présentant le maximum d'écart. L'œil juge des distances selon le degré de l'écart entre les deux images qui se réfléchissent sur les deux rétines. Plus l'écart diminue, plus l'objet apparaît rapproché du noyau ou du point de repère. On peut contrôler ce mécanisme par une expérience bien simple : il suffit de regarder un objet par un tube ou par une fente pour s'exposer aux erreurs d'appréciations de distance les plus grossières, parce qu'on manque de point de comparaison. Quant aux prétendues sensations musculaires, elles ne jouent là-dedans aucun rôle.

Nous constatons une fois de plus que l'attention primitive peut se ramener à un travail d'innervation, à une tension de l'organe sensoriel au moyen de l'accommodation. C'est bien un phénomène d'attention, puisqu'il y entre une part, si petite qu'elle soit, de volition sous forme de désir de connaître, de curiosité, et puisque l'effort se concentre sur un objet déterminé pour le mieux connaître.

C'est en somme aussi l'opinion de M. Bourdon (*Expériences sur la perception visuelle de la profondeur*). Il admet que les rares cas de vision monoculaire exacte sont dus à l'adaptation de l'œil. Il a fait d'intéressantes observations sur la vision binoculaire, avec exclusion de la possibilité d'adaptation et même de vision stéréotypique. Il en conclut que le vrai facteur de la vision en profondeur, c'est la *vision birétinale*, la seule convergence donnant des résultats inexacts.

V

L'ATTENTION, PHÉNOMÈNE DE CONSCIENCE

Nous avons dit que toute une école, qui se rattache à Condillac, ne voit dans l'attention qu'un phénomène de conscience. M. Külpe admet des degrés de l'état de conscience. Le plus haut degré serait l'attention.

D'autre part, nous avons montré que les phénomènes qui constituent l'attention, sont plus riches et plus complexes que ne l'implique un simple état de conscience.

Il sera utile pourtant de nous demander comment la perception, simple acte de conscience, devient acte d'attention proprement dite.

C'est l'intervention d'un *jugement* qui caractérise un acte d'attention et le complète.

On sait que, lorsque deux impressions de même nature se suivent, l'esprit possède la faculté de comparer l'image toute fraîche de la première perception à la suivante. Si elles forment contraste, l'attention est plus sûrement éveillée. Celle-ci s'éveille aussi plus facilement lorsque deux impressions qui se suivent sont séparées par un court intervalle, ou lorsque leur succession constitue un changement brusque. Mais même dans ce cas, l'attention n'est pas nécessairement en jeu. L'exécution d'une gamme sur le piano laisse généralement l auditeur indifférent.

Les expériences des psycho-physiciens ne portent donc plus guère sur les successions de perceptions distinctes, mais sur les effets qui résultent d'impressions continues, mais variant en intensité, en éclat, en tonalité, sans interruptions et sans changements brusques.

Grâce à ces variations de perceptions doucement graduées, on peut mieux se rendre compte des conditions nécessaires pour qu'une perception éveille l'attention. Généralement la mesure des durées de perception n'offre guère d'intérêt au point de vue de l'étude de l'attention. Mais dans ce cas particulier, la psychométrie nous mènera à des conclusions utiles.

Avant d'aller plus loin, nous tenons à répondre à une objection générale qu'on pourrait nous faire : on dira peut-être que dans ces expériences, le sujet observé est consentant, qu'il se prête volontairement à l'expérience, qu'il est attentif parce qu'il le veut, que nous sortons par conséquent du domaine de l'attention involontaire que nous explorons.

Cette objection serait injuste. D'abord, il faut tenir compte du caractère artificiel de tout procédé expérimental. En second lieu, le sujet, durant ces expériences, observe presque toujours une attitude passive : c'est l'expérimentateur qui prend toutes les initiatives et qui règle le plus souvent la marche des impressions. Les choses se passent alors comme si le sujet observé était surpris par une impression du dehors contre laquelle il se bornerait à réagir.

Ceci dit, passons à la description sommaire

de l'expérience suivante de M. E. William Stern (Zeitschr. f. Psyc. u. Phys. XI).

Il a inventé un appareil ingénieux, au moyen duquel il peut varier la tonalité d'un son continu avec vitesse et précision. C'est une bouteille chantante, par le moyen d'un courant d'air passant sur le goulot. La partie inférieure de la bouteille communique, par un tube en U, avec un vase d'une forme spéciale où l'on introduit de l'eau à volonté. A chaque changement du niveau d'eau dans la bouteille correspond un changement de son exactement mesurable.

En moyenne, la perception du changement s'obtenait dans un espace de temps variant de 0,4 seconde à 1 seconde. Chaque expérience durait 3,4 ou 5 secondes. On sait que la perception des sons isolés s'opère beaucoup plus rapidement.

LOI DES PERCEPTIONS DE CHANGEMENTS GRADUELS DES IMPRESSIONS CONTINUES

Jusqu'ici on admettait que, pour les sons continus, la perception était d'autant plus facile que les changements se succédaient plus rapidement. Cela est vrai lorsqu'en général les mouvements sont extrêmement lents. Alors la trop longue durée des sons nuit à la perception rapide des changements.

Mais, ici, on observe la règle contraire. La perception des changements exigeait un *ralentissement du mouvement*. Il y a une certaine mesure de temps au-dessous et au-dessus de laquelle la perception se fait difficilement. Cette perception, conclut M. W. Stern, n'est donc pas une simple sensation, mais le *résultat d'un jugement*, non pas un simple acte sensoriel, mais *un acte de discernement* où l'attention proprement dite est intéressée.

A l'appui de son observation, M. Stern mentionne les observations concordantes suivantes :

1° Pour la perception des changements de clarté : avec la diminution de la vitesse du changement, la sensibilité relative augmente. (Expériences de M. Stern lui-même.)

2° Perception du mouvement : un pendule, vu de loin, oscille à raison de 72 battements par minute : ces battements sont perçus plus nettement qu'un mouvement double avec la même élongation (Stern).

3° Scripture (Am. Journal of Psych. IV p. 580) a observé, par la voie du téléphone, un son d'intensité croissante, avec vitesse variable de la croissance d'intensité. Plus la vitesse augmentait, plus la perception devenait difficile.

4° Stanley Hall et Y. Motora (Am. Journal of Ps. I. 72) ont étudié la sensibilité de la peau au moyen de changements de pression, insensiblement croissants. Si l'expérience ne durait pas plus de 10 secondes, la perception des différences augmentait de vitesse avec la diminution de rapidité des changements de pression. Autrement la sensibilité diminuait de vitesse.

Il résulte, de toutes ces observations, qu'une certaine mesure de temps est nécessaire pour permettre à la faculté de jugement de s'exercer sur un changement de perception. Donc, l'attention aboutit à un véritable jugement.

VI

LA FUSION DES IMPRESSIONS

L'attention, sous la forme élémentaire de l'adaptation de l'organe, cesse d'exister lorsque le sujet est sollicité en même temps par une occupation d'un genre tout différent, exigeant beaucoup d'application.

Un exemple, que nous avons mentionné plus haut (page 25), prouve que l'adaptation de l'œil pour la vision d'un objet déterminé, ne se fait plus, lorsque le sujet est absorbé par une occupation qui exige, de son côté, une grande mesure d'attention.

Mais l'attention peut fort bien se concentrer à la fois sur plusieurs objets, même de nature différente, lorsqu'ils se rapportent à un seul et même but. A plus forte raison le peut-elle si ces stimulants ne sollicitent qu'un seul et même organe sensoriel. C'est le cas que nous allons examiner.

Nous pouvons, en effet, percevoir, à la fois, plusieurs couleurs, plusieurs odeurs, plusieurs goûts, sans qu'il y ait confusion. Mais, dans certains cas, il y a fusion des perceptions (*Verschmelzung*); celles-ci, par exemple, peuvent se succéder si rapidement que la conscience des perceptions isolées soit rendue impossible. Mais, en général, plus le contraste est grand, plus l'attention trouve de facilités pour s'exercer.

L'exemple le plus remarquable de la fusion des impressions, c'est la perception simultanée de plusieurs sons, surtout lorsque les nombres des vibrations qui les composent comportent des rapports mathématiques déterminés. Nous n'avons pas à exposer ici les admirables travaux de Helmholtz et de Wundt. Nous ne nous occupons que de la part qui revient à l'attention dans la perception des *sons de combinaison*.

SONS DE COMBINAISON

Voici le fait : lorsque l'oreille perçoit à la fois deux sons produits par un instrument quelconque, elle entend distinctement, outre ces deux sons, d'autres résonnances, parmi lesquelles ressortent surtout le *son différentiel* et le *son additionnel*.

Si l'on fait résonner deux sons, p et q, l'oreille perçoit un troisième son, p—q. On sait qu'on mesure les sons par le nombre de leurs vibrations. Si la valeur des deux sons primaires, réellement produits par l'instrument, est respectivement représentée par les nombres 8 et 11, le son différentiel, non produit par l'instrument, mais néanmoins perçu, sera 11—8=3. Ce n'est pas tout : l'oreille perçoit distinctement un deuxième son complémentaire, parfois plus intense que le premier son différentiel. La valeur de ce son correspond à la différence entre le premier son primaire (8) et le premier son différentiel (3) : 8—3=5.

Mais il pourrait aussi résulter de la différence entre l'octave du premier son primaire (8×2) et l'autre son primaire (11) : 2×8—11=5.

C'est la deuxième hypothèse qui est la vraie, car le deuxième son différentiel 5 ne peut pas provenir de la rencontre d'un son primaire intense (8) avec un son différentiel, nécessairement plus faible. Un son faible ne peut produire un son plus fort. Donc c'est la deuxième explication qui est juste, car un son complémentaire d'une intensité relativement forte ne peut résulter que de la combinaison de la note fondamentale, renforcée par l'octave, avec un autre son primaire.

M. Max Meyer (*Ueber Combinationstœne*. Zeitschr. f. Psych. u.Physiol. XI. p. 180) a fait, à ce sujet, les observations suivantes :

Moins les sons primaires diffèrent entre eux d'intensité, mieux on entend les sons différentiels. A mesure que l'un ou l'autre des sons primaires augmente d'intensité, le son différentiel s'efface.

Mais voici un cas singulier :

Si l'on tient, contre chaque oreille, un diapason, et que chaque diapason donne une note différente, il faut, pour qu'on perçoive le son différentiel, que l'un des diapasons résonne plus fortement que l'autre.

Voici l'explication de ce fait :

L'attention devant se diriger du côté de la résonnance la plus faible, l'autre son, plus intense, qui pénètre par l'autre oreille restée inattentive, s'atténue en passant par le conduit osseux et par le canal d'air, pour arriver jusqu'à l'oreille attentive. Alors, celle-ci perçoit deux sons sensiblement égaux, ce qui facilite la perception du son différentiel.

Outre les sons différentiels, M. Helmholtz a aussi constaté l'existence d'un son *additionnel*, dont la valeur correspond à la somme des vibrations de deux sons primaires. Ce son est, du reste, très faible, mais très aigu.

Voici un tableau qui permet de se rendre compte de la valeur des sons combinés :

1er Son primaire : Valeur 9; 391 vibrations;
2e Son primaire : — 14; 608 —
1e Son dif. : 14—9=5; 608—391=217 vibr.

2e Son dif. $2 \times 9 - 14 = 4$; $2 \times 391 - 608 = 174$
Son add. : $9 + 14 = 23$; $608 + 391 = 999$ vibrations.

Déjà, au XVIIIe siècle, le musicien Tartini avait signalé l'existence de ces sons de combinaison. Il y en a, du reste, d'autres encore, outre ceux que nous avons signalés.

Ces sons ont une existence objective, puisqu'ils sont le produit de vibrations réelles. Il ne s'agit donc pas ici d'illusions des sens. Leur perception résulte directement de l'adaptation du sens auditif, accompagnée de jugements qui se font sous le contrôle acoustique. Le plus souvent, la perception de ces sons est inconsciente ; seule, une oreille exercée y prête l'attention. Dans la vie ordinaire, les sons de combinaison chantent à l'oreille sans qu'on s'en rende compte : la cloche qui tinte, la trompette qui résonne, le chant qui berce, les notes qui flottent dans l'air, au bois et aux champs, toute cette musique de la nature est enrichie par ces accords et ces harmonies naturelles. Les constructeurs d'orgues d'église ne négligent jamais d'ajouter au jeu des registres avec sons combinés, autrement les accords auraient je ne sais quoi de sec et de grêle.

VII

FIGURES GÉOMÉTRIQUES DONNANT LIEU A DES ILLUSIONS OPTIQUES

L'attention primitive est aussi intéressée aux *illusions optiques* résultant de la vüe de certaines figures géométriques ou combinaisons de lignes.

Tout le monde sait qu'une ligne droite, terminée à ses deux bouts en flèche, semble plus courte qu'une droite de longueur égale, dont les extrémités se terminent en forme de pinceaux.

Si l'on inscrit un carré dans une circonférence, celle-ci paraîtra aplatie aux environs des angles du carré. Il y a des illusions causées par des lignes disposées en forme de chenilles, qui donnent lieu à une vision erronée de perspective ; certaines erreurs naissent lors de l'appréciation des distances verticales ; d'autres sont le résultat d'associations ou de contrastes, etc.

Plusieurs systèmes d'explications ont été tentés. Quelques-uns voient la cause de ces illusions dans l'image elle-même, qui présente des contrastes et des « confluxions ». Par confluxion on entend les artifices de dessin qui font que l'œil s'attend à une extension de la figure en longueur, en quantité, en durée.

Wundt ramène toutes ces erreurs aux mouvements des yeux. Ce n'est pas la fantaisie ou le hasard qui en sont les causes, mais, par exemple, la tendance de l'œil à fixer d'abord la partie du dessin la plus rapprochée, pour en suivre tous les contours au moyen des mouvements de l'œil. De là viennent les erreurs qui consistent à trouver une perspective là où il n'y en a pas. Dans d'autres cas, l'œil commence par suivre une direction donnée, ou essaie de mesurer une distance, en se servant de la perspective comme d'un moyen de secours. Plus l'œil est fixe, moins il se trompe. Les erreurs proviennent de sa mobilité.

L'énergie musculaire elle-même, par son intensité, produit la sensation d'une distance plus grande qu'elle ne l'est en réalité. Parfois l'erreur est nécessairement causée par l'organe visuel lui-même : l'asymétrie du système oculaire fait qu'on voit s'écarter une verticale. D'autres illusions résultent de la convergence spontanée des rayons visuels, lorsque le plan visuel s'abaisse. Les erreurs d'associations proviennent de ce que, dans ce cas, les impressions ne sont pas isolées, mais qu'elles sont perçues dans leurs rapports mutuels.

D'après Wundt, ces illusions ne sont pas des erreurs de jugement, mais de perception, et elles s'expliquent par le mode de perception. Les éléments décisifs de l'erreur sont les mouvements oculaires et la direction qu'on donne au regard. Ici Wundt fait intervenir de nouveau les sensations révélatrices de la tension de l'œil. Il pense que la croissance relative de ces sensations produit l'apparence d'accroissement des grandeurs d'espace que parcourt l'œil mis en mouvement.

Nous pensons que, réserves faites sur la théorie des sensations révélatrices, les explications que fournit Wundt sur les illusions optiques sont justes. L'illusion de la durée, et par conséquent celle de la longueur ou de la distance, se lie tout au plus à la tension de l'œil, et peut-être aussi à la sensation de fatigue. Quant aux jugements erronés et aux appréciations fausses, elles proviennent du mode de perception visuelle.

L'attention primitive nous apparaît donc encore une fois comme une simple réaction sous forme de tension de l'organe sensoriel, suivi d'un jugement vrai ou faux.

(Consultez : W. Wundt. *Die geometrisch optischen Taeschungen*. Abhandlungen d. math. physiol. Classe der Konigl. Sæchs. Gesellschaft der Wissenschaften. XXIV, 2. 53-178.)

En général, plus est grand le nombre des objets perçus simultanément (et aussi lorsqu'un seul objet ou une seule figure comporte de nombreux détails très compliqués), plus grandes sont les chances d'erreurs ou d'illusions.

L'attention primitive résulte directement de la tension musculaire qui caractérise l'adaptation de l'organe sensoriel. Cette tension peut être accompagnée de sensations, mais ces sensations ne contribuent en rien à l'acte d'attention proprement dit. Ni la sensation de fatigue, ni les sensations affectives ne constituent des actes de connaissance. Tout au plus peuvent-elles aboutir à des perceptions fausses ou illusoires.

On est tenté de leur attribuer une vertu qu'elles n'ont pas, parce que ces sensations surgissent à la suite de la tension musculaire des organes sensoriels, ce qui fait qu'elles s'imposent à la mémoire avec plus de vivacité. Elles subsistent dans la mémoire longtemps après que l'effort de tension sensorielle s'est dissipé dans l'oubli. De là vient qu'on les prend, à tort, pour des éléments constitutifs de l'acte d'attention.

CHAPITRE II

LES RÈGLES DE L'ATTENTION PRIMITIVE ET SES APPLICATIONS PRATIQUES

I

DESCRIPTION DES ÉTATS DE L'ATTENTION PRIMITIVE DANS LA VIE ORDINAIRE

L'attention primitive joue un grand rôle dans la vie ordinaire. Mais il est très difficile de la dégager complètement de tous les éléments complexes qui l'accompagnent. Il faudrait pour cela imaginer un être virtuellement intelligent, rendu attentif à une impression vive, et l'interprétant exclusivement d'après les données que lui transmettrait l'organe sensoriel, sans y mêler des raisonnements inspirés par l'expérience, et sans y associer les notions abstraites acquises précédemment.

L'attention primitive résulte donc d'une tension de l'organe sensoriel stimulé par une cause objective. Sa fonction consiste à interpréter l'action de ce stimulant.

Lorsqu'elle se trouve fortement intéressée par un objet ou un fait, elle cherche à en connaître la force, l'intensité relative, la vivacité, la durée, les intermittences, la continuité, le nombre, la grandeur, etc. Tous ces jugements se font automatiquement, sans le secours d'un raisonnement discursif. On peut contrôler et mesurer avec précision la durée minimum de temps qui s'écoule entre le choc de l'impression et la réaction qui suit sous forme de jugement.

Les expériences de Wundt et d'Exner sont concluantes. Nos lecteurs nous dispenseront de reproduire leurs chiffres. Nous retiendrons seulement la constatation de ce fait que la durée du temps qui s'écoule entre le choc initial et la réaction, est presque imperceptible, lorsque le sujet est prévenu d'avance de la nature de l'impression qu'il subira, car alors l'attention est volontaire. Au contraire, s'il est surpris, à l'improviste, par le choc d'une impression, c'est-à-dire s'il s'agit d'un cas d'attention *involontaire*, la réaction, sous forme de jugement, ne se produit qu'après un intervalle de temps beaucoup plus long. Cette constatation est importante : les jugements de l'attention primitive ne sont jamais instantanés, à la manière des mouvements réflexes.

A plus forte raison faudra-t-il du temps pour que l'attention primitive puisse passer des jugements sensoriels purs à des jugements nouveaux, à des interprétations complémentaires. Il ne s'agit encore, bien entendu, que d'opérations de l'esprit très élémentaires.

Si, par exemple, l'impression nous vient d'un objet en mouvement, l'attention primitive, après les premières constatations sur la forme, la couleur, l'intensité, etc., passe immédiatement à des jugements sur des circonstances accessoires : l'objet se meut de bas en haut, de droite à gauche, ou *vice versa ;* l'objet se rapproche ou s'éloigne ; il suit une certaine direction. Les mouvements sont lents ou rapides, il y a des alternances d'arrêt et de mouvement, etc. Tous ces jugements sur les formes, les distances, le relief, le mouvement, etc., ressortent de l'attention primitive, car ils sont étroitement liés à la fonction de l'organe.

Quand l'attention primitive est sollicitée par plusieurs impressions simultanées, elle réussit parfois à les combiner en vue d'un jugement plus certain. Supposons que le stimulant objectif émette un son très retentissant, qu'il s'en dégage une odeur pénétrante, on conclura de tous ces indices réunis que cet objet est relativement rapproché. Le contact ou le choc d'un corps étranger peut motiver des sensations très variées : chaleur, dureté, mouvement, dont l'ensemble donnera lieu à un jugement plus exact que s'il n'avait donné lieu qu'à une sensation unique.

Si les impressions venues d'un ou de plusieurs stimulants sont hétérogènes ou discordantes, leur multiplicité nuit au fonctionnement de l'attention. Alors se produisent les *distractions de l'attention* qui aboutissent à son affaiblissement, l'esprit ne pouvant plus émettre dans ces cas que des jugements vagues et confus.

Tout au plus, l'attention primitive peut-elle alors juger du nombre exact de ces stimulants instantanés. Mais cette faculté à des limites. Wundt et Exner ont constaté par des expériences rigoureuses, que l'esprit ne peut compter avec certitude plus de quatre objets ou groupes d'objets à la fois. Si le nombre s'élève à cinq ou à six, il y a quelques chances d'erreur; au delà de six, l'attention devient impuissante à évaluer sûrement, du premier coup, le nombre des impressions.

Nos lecteurs comprendront maintenant pourquoi nous avons été forcés d'accorder une si grande place aux expériences artificielles du laboratoire. C'est en effet le seul moyen d'étudier l'attention primitive en elle-même, dégagée de tout alliage. On peut y ajouter toutefois le précieux appoint des observations de clinique, surtout de celles qui concernent les hypnotisés.

Malgré cela nous essaierons de nous rendre compte du rôle de l'attention primitive dans la vie ordinaire.

QUELQUES CAS D'ATTENTION PRIMITIVE DANS LA VIE ORDINAIRE

Reprenons l'exemple cité plus haut : Dans une petite ville très calme on entend soudain le bruit d'un coup de canon.

Tous les habitants sont attentifs : l'enfant à l'école, le mendiant sous le porche de l'église, le savant dans sa bibliothèque.

D'abord, le jugement général prendra pour base l'intensité relative du son : cette donnée permettra de se rendre compte de la proximité ou de l'éloignement relatif de la cause. On saura aussi approximativement de quelle direction est venu ce son. Toutes ces appréciations comportent de grandes chances d'erreur. Quelques-uns seront peut-être en situation d'apercevoir la fumée du canon, ou le canon lui-même.

Tout cela est du domaine de l'attention primitive.

Après cela, on se préoccupera des causes de ce phénomène.

Pourquoi a-t-on tiré le canon? Est-ce à l'occasion d'une manœuvre militaire? Est-ce un signal? Une fête de village? Une explosion? On se souvient d'une note du journal; des circonstances qui peuvent expliquer la chose. Des notions nouvelles se présentent en foule dans tous les esprits pour en faciliter l'intelligence.

Cette seconde phase de l'attention n'est plus

l'attention primitive : elle implique des réflexions et des raisonnements, et ne se base plus exclusivement sur le témoignage du sens. C'est une forme nouvelle de l'attention, que nous appelons *l'attention par aperception,* et qui fera l'objet d'une étude spéciale.

Revenons à l'attention primitive, et choisissons un exemple de la vie ordinaire où elle apparaît dégagée de presque tous les éléments accessoires, qui la troublent dans la pratique :

Un homme s'est égaré la nuit dans une campagne déserte. Il aperçoit une faible lueur. Est-ce une étincelle ? un feu follet ? la fenêtre éclairée d'une maison ? la lanterne d'une voiture ? L'homme n'en sait rien, mais il voudrait savoir. Il n'a d'autre ressource que de se baser sur ce que lui transmettent ses sens : il observe si la lumière est immobile ou non, si elle grandit ou diminue, si le feu est fixe ou vacillant, s'il est accompagné d'un bruit, voix humaine, aboiement de chien, roulement de voiture. Il ne peut aboutir qu'à des jugements élémentaires basés sur des sensations. Dans l'obscurité, il lui est difficile de comparer, de raisonner à coup sûr. Nous voilà donc en présence d'un cas d'attention primitive bien caractérisé.

Voici un autre exemple, encore plus frappant : Un botaniste reçoit inopinément une plante qu'il n'a jamais vue ; il n'a pu recueillir d'avance aucun renseignement sur sa nature et sa provenance. Que fera-t-il d'abord ? Il fera, momentanément abstraction de tout jugement préconçu, et se contentera provisoirement d'examiner l'objet. Son coup d'œil exercé embrassera la forme, la couleur, le contour de la plante. Ce n'est qu'à la suite de cet examen préliminaire qu'il entreprendra l'étude scientifique de l'objet, et qu'il procédera à des comparaisons, pour aboutir à un classement définitif. Tout travail scientifique a pour base l'emploi de l'attention primitive.

L'éducation méthodique des sens est la condition indispensable d'un fonctionnement normal de l'attention primitive. Plus les organes sensoriels acquièrent de finesse, plus ils deviendront aptes à faciliter ces jugements élémentaires de distance, de forme, de grandeur, etc., qui constituent le point de départ de tout ordre de connaissance supérieure.

II

L'ATTENTION PRIMITIVE PROVOQUÉE A DESSEIN PAR LES HOMMES

Passons maintenant à un emploi de l'attention primitive particulièrement intéressant : Ces cas se présentent lorsque l'attention primitive est provoquée avec intention chez un homme par des sollicitations provenant d'un autre homme.

Une affiche en gros caractère, une image enluminée, des coups de grosse caisse, des appels retentissants nous arrachent à l'état d'indifférence, ne fût-ce que pour un instant. Les enfants, les gens incultes, sont très sensibles à ce genre d'excitation. Leur attention considère très souvent ces manifestations violentes, pour elles-mêmes, sans songer à en pénétrer la signification ou le but. L'enfant s'amusera des couleurs voyantes d'une enluminure, avant de se préoccuper du sujet représenté. Un alphabet colorié et orné d'images attirera son attention, alors qu'il n'aura nulle envie de déchiffrer les caractères. Des gens incultes contemplent parfois avec intérêt une gravure qu'ils tiennent à l'envers. Le son du tambour ou de la grosse caisse éveille l'attention de beaucoup de gens qui n'essaient nullement d'en connaître le but; ils ne sont attentifs qu'à l'intensité du bruit, ou au rythme.

Dans tous ces cas, l'attention primitive, quoique provoquée par des moyens méthodiques, ne diffère pas beaucoup des faits de ce genre que nous avons constatés dans les expériences du laboratoire. C'est au moyen de l'adaptation des sens que le sujet juge de la forme, du relief, des couleurs, des sons. Pour mieux voir un tableau, il faut le mettre à la portée de l'œil, ou se mettre à la portée de l'image. Pour juger de la distance des sons, on tient compte du témoignage des sens, et l'on base son jugement sur le degré d'intensité du son, sur son timbre, sa netteté, etc.

Pour le metteur en scène, l'emploi de ces stimulants n'est jamais un but, mais un moyen pour éveiller chez les autres des désirs, pour exciter leur curiosité, pour diriger leur attention sur d'autres objets plus complexes. Le saltimbanque n'a nullement pour but d'amuser les gens au moyen des roulements rythmés de son tambour. En s'adressant par ces moyens grossiers à l'attention primitive du public, il espère éveiller sa curiosité et remplir sa baraque.

Il ne réussit pas toujours Alors nous n'avons à faire qu'à un cas d'attention primitive réduit à ses propres éléments. Le passant a entendu le roulement du tambour, il a vu se démener un homme vêtu d'oripeaux, et puis il s'est éloigné pour aller à ses affaires. L'éveil momentané de l'attention n'a produit aucun résultat appréciable.

Il ne faudrait pas croire que l'attention primitive artificiellement stimulée n'intéresse que les charlatans de tout ordre. Beaucoup d'hommes ont besoin d'y avoir recours pour exciter l'intérêt du public et pour secouer sa torpeur naturelle.

L'ATTENTION PRIMITIVE ET L'ÉDUCATION

L'éducation des jeunes enfants s'adresse d'abord à l'attention primitive. Les nourrices sont très ingénieuses : elles poussent de petits cris, chantent des refrains, agitent devant les yeux étonnés du baby des objets brillants, des hochets sonores. Dans les écoles enfantines on montre aux tout jeunes enfants des objets intéressants, des images coloriées ; on leur fait répéter en chœur des mots, des propositions, des vers. On s'abstient de leur tenir des discours trop abstraits. On exerce la vue, l'oreille, le toucher. Du moins on devrait faire tout cela, car il importe d'exercer avant tout l'attention primitive, qui est la base de toute instruction, le fondement de la science.

L'ATTENTION PRIMITIVE ET LES BEAUX-ARTS

Parmi les hommes qui s'adressent à l'attention primitive du public, il faut citer avant tout les artistes de tout ordre, notamment les peintres et les musiciens. Et cela est tout naturel, car les beaux arts s'exercent dans le domaine des sens, qui est précisément celui de l'attention primitive. Le peintre s'efforce de retenir l'attention du passant au moyen d'un agencement ingénieux de formes et de couleurs, qui attirent les regards et qui intéressent. L'architecte aspire au même but, au moyen d'une façade monumentale. Le musicien a recours aux ressources nombreuses de l'harmonie, du timbre instrumental ou vocal, du rythme, pour stimuler et pour soutenir l'attention primitive.

Les artistes ont intérêt à rencontrer, ou à former un public chez qui l'oreille et l'œil soient exercés jusqu'au plus haut degré de raffinement, de manière à saisir les nuances les plus délicates du son et du coloris. Ils ne savent que trop qu'auprès des gens incultes, ils ne rencontrent le plus souvent que de l'indifférence.

Sans doute, le grand art poursuit outre cela d'autres visées plus hautes. Le peintre exprime des pensées profondes, et le musicien traduit tout un monde de sentiments délicats et de passions énergiques. L'architecte qui se bornerait à accoller une façade somptueuse à un édifice incommode, serait un pauvre artiste. Toutes ces préoccupations dépassent de beaucoup le domaine des formes, des couleurs et des sons. Un art qui ne viserait qu'à frapper l'attention primitive, serait d'ordre inférieur.

Néanmoins, une bonne part de l'art se meut dans cette sphère inférieure. Un artiste qui aurait le mépris de la couleur, de la ligne, du rythme resterait au-dessous de sa tâche. Il existe même une école de peinture qui s'en tient exclusivement au jeu de la couleur et qui s'interdit en art toute visée d'ordre intellectuel.

Quoi qu'il en soit, on peut dire que l'artiste s'adresse en premier lieu à l'attention primitive. Il doit donc étudier les règles, et cette étude s'impose à tous ceux qui veulent s'en servir pour intéresser les hommes.

Nous essaierons donc d'exposer les *règles pratiques* de l'attention primitive concertée.

Mais auparavant nous tenterons de formuler ou de rappeler quelques-unes des *lois* de l'attention primitive. Car il est évident que les règles n'ont de valeur pratique que si elles s'appuient sur la connaissance de lois déduites d'observations aussi rigoureusement scientifiques que possible.

III

LES LOIS DE L'ATTENTION PRIMITIVE

Presque toutes les lois de l'attention primitive que nous allons formuler sont la simple reproduction de lois que nous avons déjà eu l'occasion de constater. D'autres résultent simplement des observations et des expériences dont nous avons rendu compte dans le premier chapitre.

La 5e loi pourrait avoir l'air d'être improvisée, ou du moins formulée sans étude préalable. En réalité elle est déduite d'un fait bien connu en psychologie, à savoir que la condition indispensable pour connaître un objet, c'est le changement, soit dans l'objet lui-même, soit chez le sujet qui observe.

Première loi.

Le degré d'attention primitive ne dépend pas du degré d'intensité du stimulant objectif, mais de son degré de vivacité. La vivacité d'une impression est indépendante de son intensité. Plus une impression est vive, plus elle devient consciente. Plus une impression est violente, plus l'état de conscience s'émousse.

Deuxième loi.

Pour qu'il se produise un cas d'attention primitive, il faut que l'adaptation de l'organe sensoriel au stimutant objectif aboutisse à un jugement ou à une interprétation quelconque, vraie ou fausse, exacte ou approximative.

Troisième loi.

La mesure de temps qui s'écoule entre l'impression objective et la réaction du sujet, sous forme de jugement, est plus longue dans le cas d'une surprise que si l'impression est attendue.

Lorsque le sujet attend l'impression qu'il sait devoir venir du dehors, il réagit plus rapidement que lorsqu'il est surpris par elle (Wundt et Exner).

Quatrième loi.

Il y a une certaine mesure de temps au-dessus et au-dessous de laquelle la réaction, sous forme de jugement, ne se fait pas, ou se fait difficilement (W. Stern).

Cette loi s'applique aussi au cas où deux impressions successives sont séparées par un intervalle de temps.

Plus les impressions successives sont vives et intenses, plus cet intervalle de temps devra être prolongé. Plus elles sont faibles, plus ces intervalles pourront être raccourcis. Mais il y a une certaine mesure de temps qui ne peut être dépassée ni en grandeur ni en petitesse, sous peine d'empêcher la formation d'un jugement. Dans ce cas il ne subsiste qu'un simple phénomène de perception.

Cinquième loi.

L'attention ne peut pas fixer un objet plus

longtemps que quelques secondes à la fois. Celui qui veut contraindre un autre homme à faire un effort d'attention primitive *soutenu*, doit le mettre en état d'opérer une répétition d'efforts successifs qui ramènent l'objet à son esprit. Personne ne peut diriger continuellement son attention, ou celle des autres, vers un objet qui ne change pas.

Cette loi n'est que la reproduction, appliquée à l'attention primitive, de celle que W. James a formulée ainsi :

« Il n'y a pas d'attention volontaire qui puisse fixer un objet plus que quelques secondes à la fois. Ce qu'on appelle l'attention volontaire soutenue est une répétition d'efforts successifs qui ramènent l'objet à l'esprit. Personne ne peut diriger intentionnellement son attention vers un objet qui ne changepas[1]. »

Nous pensons que cette loi s'applique surtout à l'attention primitive, car lorsque la volonté entre en jeu, on peut s'attendre à bien des surprises.

Sixième loi.

Lorsque l'attention primitive est sollicitée à la fois par plusieurs stimulants, il peut se produire quatre cas :

[1] W. James, *Principles of Psychology*. London 1901. I. 420. — Voici un autre passage caractéristique du même auteur (P. 423) : « La condition *sine quâ non* d'une attention soutenue, c'est de rouler incessamment sens dessus-dessous l'objet de la pensée, et d'en considérer les divers aspects et relations. » « Ce n'est que dans les états pathologiques qu'une idée fixe, et revenant d'une manière monotone, possède l'esprit. »

Le même cite le passage suivant de Helmholtz : « Pourtant nous pouvons nous poser de nouvelles questions sur l'objet, de sorte qu'il en naît un nouvel intérêt, et que l'attention reste fixée. »

(*a*) Si plusieurs stimulants d'essence différente, et indépendants l'un de l'autre, quant à l'origine et au but, affectent simultanément un ou plusieurs sens, leur multiplicité entrave ou affaiblit l'exercice de la faculté de jugement : *Pluribus intentus, minor est ad singula sensus*. Nous verrons plus tard que cette loi ne s'applique pas toujours au cas d'attention volontaire, dite distributive.

(*b*) Si plusieurs stimulants d'essence différente, mais se rapportant à un même objet, sollicitent l'attention, le jugement gagne en précision.

(*c*) Si plusieurs objets ou groupes d'objets sollicitent l'attention, le sujet peut en compter instantanément de quatre à six avec quelque précision.

(*d*) Si plusieurs stimulants sont suceptibles de se fusionner, comme les sons, les couleurs, le sujet attentif peut percevoir, outre les impressions imposées, des impressions supplémentaires, des nuances nouvelles.

La perception de ces impressions secondaires ou nuances est étroitement liée au degré d'éducation des organes sensoriels correspondants.

IV

LES RÈGLES DE L'ATTENTION PRIMITIVE

Nous essaierons maintenant de formuler les *règles pratiques* auxquelles il faut se conformer, si l'on veut éveiller chez les autres hommes l'attention primitive. Ces règles dérivent sans doute des lois de l'attention. Mais il ne faudrait pas croire qu'à chaque loi correspond une règle.

Une même loi est susceptible d'applications diverses; d'autres fois, la constatation d'une loi ne donne guère lieu à beaucoup d'applications pratiques.

A côté des quelques règles que nous formulons, il est loisible à chacun d'en établir d'autres, en tenant compte d'une part des lois de l'attention, d'autre part des besoins de la vie pratique.

Première règle.

Pour tenir en éveil l'attention primitive chez un ou plusieurs hommes, il faut prendre soin *que les impressions successives aillent en progressant*, soit en intensité, soit en vivacité.

La progression en intensité a des limites qu'on atteint très rapidement, mais qu'on ne saurait dépasser. On peut, par exemple, s'arranger de manière à ce que le son rythmé du tambour semble d'abord lointain, puis, par des gradations successives, le bruit semblera se rapprocher. L'attention du sujet intéressé suivra la même marche ascendante. Mais une fois que le bruit du tambour aura atteint son maximum d'intensité, l'effet sera épuisé. Si l'on persiste à battre le tambour à tour de bras, le bruit lassera l'attention et celle-ci retombera dans l'indifférence.

La progression dans la vivacité des impressions successives offre beaucoup plus de ressources. Elle peut même suivre une marche inverse à celle de l'intensité. Après de grands éclats de voix, une parole dite à voix basse, ou d'un ton doux fera une impression plus vive et plus durable.

Un maître d'école qui enseigne ou morigène les écoliers d'une voix uniformément tonitruante, ne se fera pas écouter. Mais, s'il sait passer, au moyen de graduations nuancées, du ton énergique au grave et au doux, il sera sûr d'éveiller une attention soutenue. Ces changements de ton ne devront être ni trop brusques, ni trop rapides, autrement ils risquent de déconcerter et de fatiguer.

Deuxième règle.

Pour provoquer et pour soutenir l'attention primitive, *il faut veiller à ce que chaque impression isolée soit bien nette*, qu'elle forme un tout, et que le sujet attentif puisse se l'assimiler.

Si vous montrez à un enfant une gravure, prenez soin qu'il la voie bien : ne la placez ni trop loin ni trop près, mais en pleine lumière ; laissez-la sous ses yeux le temps nécessaire pour qu'il puisse se rendre compte de ce qui est représenté ; assurez-vous qu'il en ait observé et compris tous les détails. Une impression confuse ne peut pas donner lieu à un jugement.

J.-J. Rousseau insiste avec raison sur la nécessité, pour l'éducateur, de s'appliquer à une prononciation très nette, qui assure à chaque mot important sa valeur, et qui tienne en éveil l'esprit de l'enfant.

Mais il faut se garder d'un grand danger, qui est la monotonie. La netteté n'est exigible que pour les choses qui doivent faire impression.

Un instrumentiste exécutera avec un soin ou plutôt avec un accent particulier certaines parties musicales qui doivent ressortir puissamment sur un ensemble donné. Une exécution musicale, quelque parfaite qu'elle soit, endort l'auditeur si elle néglige de mettre l'accent sur les passages qui exigent une exécution plus nette.

Les peintres donnent toujours un soin particulier à certaines parties du tableau. Un œil noir, une tache rouge, un rayon lumineux, suffisent parfois pour retenir la foule qui passe.

L'acteur ne doit pas faire un sort à chaque mot de son rôle, même quand il interprète un chef-d'œuvre.

Les gens qui « parlent comme un livre » passent à bon droit, pour fort ennuyeux. L'orateur fait ressortir certaines parties de son discours, au moyen d'une diction très nette, par le son de sa voix, par l'originalité de son jeu.

Troisième règle.

Lorsque plusieurs impressions se suivent, *il faut qu'il s'écoule entre deux impressions successives un intervalle de temps qui ne soit ni trop long ni trop court*. Un trop long intervalle fait naître la distraction et l'ennui. S'il est trop court, la perception se fait mal et le jugement ne se fait pas du tout. L'attention fait place à l'indifférence.

Si l'on montre à une réunion d'enfants une série de projections lumineuses, on peut les faire défiler avec une certaine rapidité, tant qu'il s'agit d'images très nettes et faciles à dévisager. Mais si elles sont moins nettes, et si elles contiennent des détails obscurs, il faudra un peu plus de temps pour laisser l'attention aboutir à un jugement.

Comme il s'agit d'un cas d'attention involontaire, c'est-à-dire non préparée, il faut toujours tenir compte de la surprise qui naît du choc de l'impression, des tâtonnements de l'organe sensoriel qui suivent nécessairement ce premier choc. De là, la nécessité de ne pas abréger outre mesure le temps qui s'écoule entre deux impressions successives.

Quatrième règle.

Pour stimuler l'attention primitive, *on peut accoupler ou associer des impressions de nature différente,* pourvu qu'elles se rapportent au même objet.

Des tableaux vivants accompagnés de musique, des mouvements de gymnastique associés à des cris, des chants accompagnés de gestes soutiennent l'attention. C'est sur ce principe qu'est fondé l'enseignement intuitif, qui combine l'image et la parole, l'observation et l'action.

Quelques-unes des plus hautes manifestations de l'art utilisent l'association des sensations hétérogènes, comme moyen de stimuler l'attention ; par exemple l'architecture qui associe la sculpture et la peinture aux lignes de la maçonnerie ; l'Opéra, qui est une combinaison de l'orchestre et du chant avec le décor, la déclamation et la danse. Nous reviendrons plus loin sur cet exemple.

Il faut se garder d'accumuler des impressions discordantes, des stimulants réunis au hasard. L'enfant riche environné de jouets nombreux et magnifiques s'ennuie. L'enfant pauvre qui n'a qu'un jouet, s'amuse. Pourquoi ? Parce que la profusion et le désordre des fortes impressions émoussent l'attention.

Cinquième règle.

Pour éveiller et pour entretenir l'attention primitive chez les hommes, *il faut avoir soin de faire préalablement l'éducation des sens.* Si le stimulant est simple, l'exercice des sens sert à en mieux percevoir les changements dont il est susceptible. Si l'objet est complexe, les sens exercés en saisissent mieux les nuances les plus délicates.

Lorsqu'on est mis en présence d'un oiseau dans une cage, l'attention ne peut le fixer d'une manière soutenue qu'à la condition de suivre ses mouvements.

Mais l'attention peut aussi se fixer sur un oiseau empaillé, à condition que l'œil soit exercé à distinguer les nuances du coloris de son plumage. De même une oreille exercée prend plaisir au chant varié du rossignol, qui laisse indifférente une oreille inculte.

CHAPITRE III

L'ATTENTION PAR APERCEPTION

I

DÉFINITION DE L'APERCEPTION

L'aperception est une forme particulière de l'attention spontanée. C'est l'état d'un homme dont l'attention est éveillée par l'apparition d'une impression ou d'une notion nouvelle parmi les impressions et les notions préalablement accumulées dans le cerveau.

Cette forme de l'attention ne peut donc naître qu'à la suite d'une certaine préparation, et chez des individus qui possèdent un ensemble de connaissances, de sensations, de souvenirs, d'idées. Le nouveau ne peut frapper l'attention qu'à la condition qu'il y ait quelque chose d'acquis, c'est-à-dire un ensemble de notions et d'impressions formant masse.

Un astronome a fait d'un coin du ciel l'objet de ses observations. Il connaît le nombre, la place, l'évolution des astres qui s'y trouvent. Tout cela est catalogué dans son esprit. Qu'un astre nouveau soit subitement visible, le grand public n'y prendra point garde, à moins que cet astre n'ait une forme ou un éclat étranges. Mais l'astronome l'apercevra du premier coup d'œil, sans le chercher. Du reste, comment aurait-il cherché ce dont il ignorait l'existence? Il n'a pas eu besoin de refaire le compte des étoiles, ni de se livrer à des calculs et à des observations. Une seule observation, même superficielle, a suffi pour lui révéler l'existence de ce phénomène nouveau.

Un berger rassemble son troupeau. Une tête de bétail manque. Le berger s'en aperçoit immédiatement, machinalement. Il n'a pas besoin pour cela de faire le compte exact de son troupeau. C'est comme un anneau d'une chaîne qui ferait subitement défaut.

Dans le premier cas, l'attention a été spontanément éveillée par l'apparition d'un objet nouveau dans la masse de ses notions acquises.

Dans le second cas, l'attention a été mise en éveil par un manque, une lacune dans une totalité donnée.

Tout autre que l'astronome et le berger eût dû avoir recours à l'attention volontaire pour découvrir l'objet nouveau ou la lacune imprévue. La faculté de l'aperception, involontaire, spontanée, a épargné à l'astronome et au berger de longs tâtonnements et un travail fastidieux.

Dans l'un et l'autre cas, l'aperception spontanée d'un objet nouveau ou d'une lacune n'a été possible que parce que le sujet pensant disposait d'un ensemble de notions précédemment acquises, et parce que ces notions formaient des groupes, des séries, des totalités qui lui étaient familiers. Plus ces masses sont homogènes et ces séries complètes, plus il y a de chances pour que l'aperception soit facile et rapide.

Il n'est pas du tout nécessaire que ces masses de notions soient coordonnées d'après les règles de la logique, ou classées selon les principes de la science. Dans le cours de la vie, et surtout dans l'âge de l'enfance, il se forme dans l'esprit des masses compactes de notions de toute espèce, images, représentations, idées abstraites, mots et signes. Les notions ne sont unies entre elles que par le hasard des circonstances, par leur plus ou moins d'utilité, par les sentiments qu'elles expriment ou qu'elles provoquent. Il s'opère peu à peu un classement de ces notions. Il peut se former des groupes ou des séries de représentations sous l'empire de nos goûts esthétiques ou de nos préférences morales. Peu importe pour le moment la nature de ces associations d'idées. Il suffit qu'elles forment masse, pour que toute notion nouvelle qui surgit, qui y fait trou attire spontanément, automatiquement l'attention aperceptive [1].

II

APERCEPTION ET RÉACTION

L'aperception, telle que nous la définissons, a donc un sens plus précis que celui où l'entend Wundt. Pour celui-ci, l'aperception comprend des phénomènes de tension sensorielle qui sont propres à l'attention primitive, et surtout à l'attention volontaire. Il considère, du reste, l'aperception comme une fonction « qui n'a pas besoin d'être analysée». Pour nous, l'aperception est une fonction d'ordre intellectuel, qui a pour but d'absorber une représentation ou une idée nouvelle dans la masse des idées existant dans l'esprit [2].

[1] On lira avec fruit : M. Mauxion: *L'éducation par l'instruction et les théories pédagogiques de Herbart.* Surtout le chap. sur l'Intérêt, p. 111. ss. (Paris, F. Alcan).

[2] L'aperception, telle que l'entendent Wundt et Exner, est la tension (*Spannung*) qui résulte de l'attente de l'impression qui va venir, et de la préparation à la réaction. Or, ceci est tout simplement une forme de l'*anticipation du but*, dont nous parlerons dans le chapitre sur l'attention volontaire.

W. James (*The Principles of. Psych.*, I, p. 439), dit à ce sujet : « Il est impossible de lire les pages où Wundt et Exner décrivent l'aperception qu'ils appellent *Spannung*, et

Il est clair que nous ne pouvons assimiler cette opération aux phénomènes de réaction qui jouaient un si grand rôle dans l'attention primitive. Là, la réaction consistait en un état avant tout physiologique, une tension musculaire de l'organe sensoriel, suivie et complétée par un jugement élémentaire.

On pourrait néanmoins soutenir que l'attention aperceptive est une réaction de l'esprit contre une impression nouvelle.

Alors ce terme de réaction, déjà vague en lui-même, dans cette nouvelle acception, évoquerait assez maladroitement des analogies tirées de la physique : une balle rebondissant contre une surface. L'impression nouvelle serait comme le choc d'une balle contre un mur élastique. Cette image expliquerait assez bien le caractère auto-

qu'ils désignent par d'autres termes semblables, sans conclure que tous ces termes sont identiques à l'*imagination*. Pour Wundt en particulier, le mot *aperception* équivaut toujours à l'imagination et à l'attente. Ce sont des noms pour désigner l'excitation du centre nerveux, source d'idéation provenant du dedans. M. Lewes appelle cela *préperception*, et cette désignation vaut mieux. »

L'aperception de Wundt ne s'applique donc pas rigoureusement aux cas d'attention involontaire que nous avons étudiés aux chapitres précédents. Elle ne correspond pas non plus exactement aux cas que nous allons étudier maintenant. C'est dans l'attention volontaire que nous trouverons des cas très caractérisés d'anticipation du but, et que nous examinerons le rôle de l'imagination divinatrice. Mais là aussi la coïncidence ne sera pas parfaite.

C'est que Wundt voit dans tout phénomène d'attention, même dans l'adaptation des sens, l'effet d'une cause centrale. Il ne peut donc franchement admettre l'existence de cas d'attention involontaire, à quelque degré que ce soit, puisque ces cas excluent précisément par définition cette disposition préalable de l'individu qui fait qu'il « attend » une impression pour réagir.

Comme il se refuse d'autre part à analyser le phénomène d'aperception et de tension, il ne peut se rendre compte du rôle que jouent des facteurs très complexes, comme l'association des idées dans le fonctionnement de l'attention, volontaire ou spontanée.

matique de l'aperception. Mais, dans la réalité, la sensation nouvelle ne rebondit pas sur l'esprit ou sur le cerveau, elle y pénètre, elle est absorbée, et c'est en cela que consiste l'aperception.

Ou bien, voudrait-on évoquer l'image d'un réactif chimique?

Sans doute, un réactif peut dissocier les éléments combinés d'un corps, et causer des combinaisons nouvelles. De même, l'esprit peut chercher à analyser les impressions qui surgissent, et à préparer des synthèses nouvelles. Mais ce n'est plus là le rôle de l'attention spontanée. Pour analyser et pour opérer des synthèses, c'est l'attention volontaire qui entre au jeu.

APERCEPTION ET CONNAISSANCE

Au fond, l'attention aperceptive, qui est absolument dépendante d'un stimulant, devrait se contenter de constater l'existence d'un élément nouveau ou d'une lacune dans la série de ses représentations acquises, et leur assigner une place quelconque dans l'ensemble de ces notions. Sans doute, c'est déjà un acte de connaissance caractérisé, que d'associer une notion nouvelle avec des notions connues. Mais il y a place pour bien des tâtonnements, pour le doute et l'incertitude. L'aperception ne peut aboutir à des actes de connaissance définitifs que dans certaines conditions que nous déterminerons plus loin.

Dans l'exemple que nous avons donné plus haut, il est clair que l'aperception seule ne saurait suggérer à l'astronome que des associations hâtives, des solutions provisoires, des ébauche de connaissance, susceptibles d'être contrôlées rectifiées, scientifiquement démontrées ou ré futées par l'emploi d'une méthode raisonnée.

APERÇEPTION ET SENTIMENT

Néanmoins, l'aperception est bien un pro cessus intellectuel. Il est difficile de découvrir l'origine d'une aperception un état affectif quel conque, une attraction ou une répulsion. L'as tronome qui voit un astre nouveau éprouve un surprise joyeuse, le berger qui constate que so troupeau est incomplet, éprouve de la confusion mais ces sentiments sont loin d'être la cause d l'aperception. L'intrusion d'une impression nou velle au milieu de beaucoup d'autres peut fair naître la surprise, la crainte, la joie, l'espérance Mais ces sentiments, surtout s'ils sont violents gênent plutôt qu'ils ne favorisent l'aperceptior

Supposons que j'aperçoive un jour sur le seu de ma porte un objet qui ressemble à une bomb explosive ; il est certain que cette irruption sou daine d'une représentation nouvelle dans l cours de mes pensées produira un trouble trè grand, inquiétude, crainte, épouvante, stupeu Mais ces états affectifs ne mènent nullement une aperception. Je ne veux pas connaître, j veux fuir, sauver ma vie et celle des miens.

L'élément affectif aura chassé l'élément intel lectuel.

LA CURIOSITÉ

Parmi ces états affectifs, il n'en est qu'un seu qui puisse favoriser l'aperception, c'est la *curio sité*, et en général l'intérêt. Et encore est-ce bien un état affectif ? La curiosité s'éveille précisément après que les sentiments d'étonnement, de crainte, de joie, ont perdu assez de leur vivacité pour faire place à un état d'âme plus calme.

La curiosité et l'intérêt, sont-ce vraiment des sentiments ? Ce sont tout au plus des sentiments intellectuels. Mais qu'est-ce qu'un sentiment intellectuel ?

L'intérêt, c'est le désir de connaître. A côté de l'élément intellectuel, il y a donc un désir, un état de tension. Donc l'intérêt et la curiosité sont des formes supérieures des phénomènes que nous avons constatés lors de notre étude de l'attention primitive : la tension musculaire, l'innervation, l'adaptation, l'effort.

L'APERCEPTION ET LA TENSION

Karl Gross (*Zum Problem der unbewussten Zeitschætzung*. Zeitschr. f. Ps. u. Ph. IX. p. 328), décrit fort bien ce genre de tension :

« L'attention théorique sert à la connaissance. Elle naît lorsque nous *guettons* une liaison entre une impression nouvelle ou une idée nouvellement née, avec le trésor de nos associations. Un botaniste trouve une fleur qui lui semble d'abord inconnue. Son œil adapté parcourt toutes les particularités de la plante, sa respiration s'arrête, les muscles du langage sont à la fois prêts à parler et empêcher de parler ; le champ visuel de son état de conscience est rétréci, — il guette le mot qui manque, la notion qui fait défaut.

« Un savant qui fait une expérience, cherche à saisir le son complémentaire d'une note musicale. Son oreille s'adapte, etc. — il guette, guidé par l'image d'une note analogue, l'aperception de la sensation qui lui manque. Le même genre d'attention se produit lorsqu'on écoute ou qu'on lit un exposé scientifique. En percevant des signes qui n'ont aucun sens par eux-mêmes, nous attendons que l'acte de perception se réalise, nous sommes tendus comme un ressort au commencement d'une proposition pour en voir la fin; au commencement d'un raisonnement nous en guettons la conclusion. Nous ne sommes jamais attentifs au présent, mais à la chose à venir. Si nous écoutons avec attention un son très léger, l'attention ne consiste pas à percevoir tranquillement le présent, mais à guetter l'onde de conscience qui suit, qui relève incessamment l'impression s'atténuant continuellement. »

Tout en faisant quelques réserves sur certains points, nous estimons que ces lignes exposent, sous une forme très brillante, le genre de tension qui accompagne l'attention aperceptive et qui caractérise la curiosité et l'intérêt.

Cet état de tension, qui va depuis l'innervation en vue de l'adaptation des sens jusqu'à l'intérêt intellectuel le plus élevé, n'est du reste pas la cause première de l'aperception.

Celle-ci est un phénomène d'attention involontaire. Elle est causée par l'apparition d'une impression ou d'une notion nouvelle, ou paraissant nouvelle. L'état de tension n'est qu'une phase intermédiaire du processus. Le dernier acte en sera l'absorption de la notion nouvelle par les notions acquises.

MÉCANISME DE L'ATTENTION APERCEPTIVE

Voici en gros le mécanisme de l'attention aperceptive :

1. A un moment donné, il existe dans l'appareil mental des masses compactes, de vastes associations de notions et d'impressions.

2. Le choc d'une impression nouvelle a pour effet de tirer de l'état d'inconscience un ou plusieurs groupes de notions analogues, d'entre celles qui sont accumulées dans la mémoire, et de les ramener à l'état de conscience.

3. A ce moment il se forme un état de tension sous forme de curiosité, d'attente, d'intérêt.

4. Enfin il se fait une absorption de la notion nouvelle dans la masse des notions préexistantes. Cette dernière opération, qui est l'aperception proprement dite, constitue ou ébauche un acte de connaissance.

III

MASSES DES NOTIONS ACQUISES

Avant d'examiner le mécanisme de l'aperception, il convient d'expliquer ce que nous entendons par masses de notions acquises, masses emmagasinées dans l'appareil cérébral, et sans lesquelles il n'y a pas d'aperception possible[1].

LA MÉMOIRE

La formation de ces masses est rendue pos-

[1] Ceux de nos lecteurs auxquels cet ordre d'idées est familier voudront bien excuser cette courte digression hors du domaine de l'attention proprement dite. Elle était nécessaire pour expliquer le fonctionnement de l'aperception, telle que nous l'entendons.

sible par la *faculté de rétention*, qui n'est qu'un des deux faces de la mémoire. L'autre, qui es *la faculté de reproduire* à volonté des souvenirs ressort de l'attention volontaire.

La substance grise du cerveau est organisé pour *retenir* dans les innombrables cellules q la composent une empreinte, ou plutôt des trace de chaque impression. Grâce aux fibres nerveu ses dont ces cellules sont munies, il y a commu nication incessante entre elles : un choc nerveu produit des ondes et des courants. C'est là qu se font les phénomènes d'innervation qui prés dent à la vie intellectuelle. Le cerveau est organis de manière à retenir des impressions en foule, d'espèces très variées. Nous n'avons pas un mémoire, mais beaucoup de mémoires, parce qu les divers genres d'impressions aboutissent à d parties différentes du cerveau. Il y a la mémoi des mouvements musculaires de l'œil, la m moire des sentiments, la mémoire des idé abstraites. Celle-ci se subdivise en un gra nombre de mémoires, puisque certains homm ont la mémoire des chiffres, d'autres celle d langues, d'autres celle des figures, etc. On pe perdre la mémoire des noms propres, sa perdre celle des noms communs, etc. (Consult Th. Ribot, *Les maladies de la mémoi* p. 112 ss.)

L'assimilation des sensations, des idées, d représentations de toute sorte dans le cervea se fait au moyen de la répétition d'impressio semblables, et est facilitée par leur classemen Le travail d'abstraction contribue à retenir l différences et les ressemblances entre les impre sions, et à faciliter de nouvelles associations de nouvelles classifications. Peu à peu, par répétition et par l'accoutumance, ces associ tions et ces masses acquièrent le caractère de la stabilité et de la permanence.

Le principal agent de la stabilité des groupes de notions, c'est la répétition de perceptions semblables : le retour périodique du jour et de la nuit, du lever et du coucher du soleil, du réveil, du sommeil, des repas, etc., donnent lieu à des associations qui se solidifient de très bonne heure. Les rapports que nous entretenons régulièrement avec les membres de la famille, avec nos amis, nos voisins, nos supérieurs, nos inférieurs, les relations qui naissent de notre contact avec les grandes institutions sociales, engendrent dès l'enfance des masses compactes d'idées fortement liées à des sentiments sociaux et moraux.

D'autres fois nous procédons volontairement à la formation de nouvelles associations d'idées, ou à l'extension des groupes existants. Les premières perceptions nouvelles sont alors volontaires, mais par leur constante répétition, elles finissent par constituer des masses solides et fixes, que M. Ribot appelle « organisées ».

Ces associations se font d'après certaines règles qu'il est difficile de réduire en formules. Voici la loi de Paulhan qu'on peut citer à ce propos : « Les phénomènes psychiques se soutiennent mutuellement lorsqu'ils sont analogues et dirigés vers un même but. Ils tendent à s'absorber, à se réduire mutuellement, quand ils ont un but différent. »

Dans le cas qui nous occupe, les notions absolument disparates ne s'absorbent pas, elles s'ignorent entre elles. L'idée de justice ne saurait figurer dans la même série de représentation que celle du triangle. D'autres fois des notions d'espèce différente s'associent naturellement,

comme, par exemple, l'idée de la justice et l
représentation d'une balance. On dirait, selo
la pittoresque expression de M. Ribot, qu'elle
ont la propriété de « pousser des ramification
en tous sens ». Les rapports peuvent être for
tuits ou nécessaires, automatiques ou voulus
(Bastian, *Le cerveau, organe de la pensée,* I. 2e éd
p. 150).

IV

L'ASSOCIATION DES IDÉES

Une fois la constitution de certains groupes d'associations stables faite, toute impression nouvelle qui survient produit des effets qui ont été fort bien étudiés.

Ils sont formulés par la loi de Hartley : « Si des sensations quelconques ABC sont associées ensemble un nombre suffisant de fois, elles acquièrent un tel pouvoir sur les idées ou copies correspondantes a b c que l'une d'elles A sera capable, en se présentant seule, d'exciter dans l'esprit, les idées b c .»

C. Bastian (*Le cerveau, organe de la pensée,* I, p. 138), la formule ainsi : « Lorsque n'importe quel constituant d'un groupe naturel de sensations vient à la portée de l'organe sensoriel correspondant, les autres impressions possibles qui composent le groupe naissent simultanément dans sa mémoire, de sorte que l'objet est perçu ou reconnu. »

En effet, toute association d'une impression avec un groupe d'idées acquises est un acte intellectuel. « Connaître un objet, dit A. Bain, o. c. p. 90) comme par exemple un arbre, c'est le discerner de tous les objets qui en diffèrent et l'identifier avec ceux qui sont pareils .»

A vrai dire, ce n'est pas encore là un acte d'aperception. D'abord M. Bain suppose que le sujet pensant possède des associations parfaites, ce qui n'est pas toujours le cas. En second lieu, pour qu'il y eût aperception, il faudrait que l'arbre à connaître fût d'une espèce rare, ou qu'il eût une forme extraordinaire, ou qu'il se trouvât dans un lieu où sa présence m'intéresse. Autrement, il n'y aurait ni curiosité, ni intérêt, ni tension. Une simple perception n'est pas encore une aperception.

APERCEPTION IMPARFAITE

On peut se représenter le fonctionnement de l'aperception de la manière suivante :

L'aperception d'un phénomène nouveau, l'irruption d'une impression vive ou d'une idée étrange, la constatation d'une lacune ou d'une défectuosité dans une série de notions acquises, ont pour effet de causer une certaine perturbation dans le cercle d'idées qui nous est familier. Selon les circonstances, ce trouble engendre l'hésitation, le doute, l'inquiétude. Cette agitation, qui a pour cause un état intellectuel, devra se calmer pour faire place au désir de connaître. L'esprit éprouve le besoin de rétablir l'équilibre des idées, momentanément dérangé, d'y ramener de l'ordre, tout en tenant compte de l'impression nouvelle. Il essaiera de s'assimiler celle-ci, de l'incorporer dans l'ensemble de ses notions acquises, de corriger la défectuosité ou la lacune signalée dans le cercle des idées.

Cet état de trouble arrive surtout lorsque l'esprit ne dispose que d'associations d'idées impar faites. Parfois il suffit de trouver un mot pou éclairer un point obscur. D'autres fois le troubl peut aller jusqu'à l'anxiété. Le plus souvent l résultat final sera une absorption, une incorpo ration, provisoire ou définitive, artificielle o judicieuse, exacte ou approximative, de l'impres sion nouvelle dans le cercle, un peu modifié, de notions acquises. D'autres fois il suffira d constater avec soin un fait nouveau, une lacune ou une défectuosité, pour laisser le champ libr à l'attention volontaire qui procédera avec mé thode. Alors celle-ci achèvera ou compléter l'acte de connaissance préparé ou ébauché pa l'aperception. La constatation d'une lacune a ét parfois le point de départ des plus importante découvertes.

APERCEPTION PARFAITE

On peut aussi se représenter le processu de l'attention aperceptive d'une manière un pe différente:

Les masses existantes de notions acquises s précipitent au-devant de l'impression nouvelle ou dans la direction de la lacune constatée comme les eaux occupant un niveau supérieur s précipitent du côté d'un réservoir placé à u étage inférieur, dès que la communication es faite. Les ressemblances et les différences entr les notions acquises et la notion différentiell sont placées en pleine lumière ; l'objet nouvea ou la lacune se trouvent classés, expliqués auto matiquement.

Ceci n'arrive évidemment que si l'esprit dis pose de séries d'idées très complètes, très bie classées, nombreuses et variées, judicieusement et logiquement coordonnées.

Il semble que, dans ce cas, l'effort de tension soit moindre, puisqu'il n'y a guère de place pour le doute, pour l'incertitude, pour l'inquiétude. Mais la tension, pour être moins douloureuse, n'en sera pas moins réelle. Plus on dispose d'associations riches et puissantes, plus les causes d'intérêt, les motifs de curiosité se multiplient.

L'ignorant se contente de perceptions superficielles ou même fausses. L'homme instruit et cultivé est attentif aux plus fines nuances, aux plus délicates modifications de formes, de sentiments, de langage et de pensée.

En résumé, lorsque les masses d'idées acquises sont défectueuses, incomplètes, rudimentaires, l'attention aperceptive est troublée ; elle devient pénible et douloureuse, et n'aboutit le plus souvent qu'à des conclusions inexactes.

Lorsque l'impression ou la notion nouvelle rencontre un cercle d'idées acquises riche et judicieusement ordonné, l'attention aperceptive s'exerce avec aisance et sûreté. Cette absence de trouble ne signifie pas qu'il n'y ait pas tension nerveuse, suivie de fatigue, mais cet état est aussi exempt que possible de sentiments affectifs.

Tel est le cas d'un négociant, acheteur de laines qui, dès qu'il est mis en présence d'un nouvel échantillon, se rend compte au premier coup d'œil de la qualité, de la provenance, de la valeur, de l'emploi possible de la marchandise qu'on lui offre. Un acheteur qui ne possèderait pas, sur ces points, de connaissances étendues, éprouverait une curiosité tout aussi vive, mais troublée par la crainte de se tromper et de risquer ses capitaux dans une entreprise hasardeuse.

L'artisan, l'artiste, le savant, se servent avec une grande virtuosité du mécanisme de l'aperception, qui leur épargne beaucoup de temps et de peine, et qui leur permet de porter sur des sujets plus importants l'attention volontaire.

L'aperception est un merveilleux instrument de travail qui nous débarrasse d'une foule d'opérations longues et fastidieuses, de tâtonnements pénibles, d'efforts fatigants, et qui, en préparant les voies à l'attention volontaire et à l'observation méthodique, facilite et favorise l'essor de la vie intellectuelle.

V

ASSOCIATIONS DE SIGNES

Parmi les associations de notions qui meublent notre cerveau, il en est qui méritent une mention spéciale. Ce sont les associations de signes. Ceux-ci tiennent le milieu entre les sensations et les idées abstraites. Les figures, les mots, les chiffres forment des agglomérations mentales et des séries immenses, et, parmi elles, les groupes formés par la langue maternelle, écrite ou parlée, et aussi ceux de l'arithmétique élémentaire, acquièrent de bonne heure une grande cohésion. Ce qui le prouve c'est la facilité avec laquelle nous parlons, nous écrivons, nous calculons.

Qu'on essaie de se représenter par un effort d'imagination le nombre énorme de signes de toute nature qui se trouvent enregistrés dans l'esprit, c'est-à-dire dans le cerveau, et l'on éprouvera un sentiment d'étonnement et presque d'incrédulité.

Quoi qu'il en soit, ces masses énormes de signes existent, et chez les personnes cultivées, ces signes sont parfaitement ordonnés et classés par séries.

Aussi ne faut-il pas s'étonner si l'aperception s'exerce dans ce domaine avec une grande précision. Même un homme peu instruit est frappé par un mot impropre, par une tournure de phrase étrange, par une erreur de numération ou de calcul, par un défaut de prononciation, par une irrégularité dans une figure géométrique.

Le prote d'imprimerie, le professeur qui corrige un devoir d'écolier, le maître de musique qui écoute son élève, tous font usage de l'aperception automatique. Une coquille d'impression, une faute de grammaire, sautent aux yeux. Une fausse note fait tressauter le musicien. C'est que chacun d'eux possède, dans sa sphère, de très solides associations.

Mais il faut remarquer que dans le vaste domaine des associations de signes, l'aperception ne s'exerce avec sûreté que sur les lacunes et les défectuosités.

Dès que surgit un signe inconnu, un mot nouveau, un symbole inédit, l'aperception ne peut guère se faire, parce que l'élément neuf se trouve isolé, et ne peut se fondre dans l'ensemble des notions existantes.

C'est ce qui rend si difficile l'étude des langues étrangères. Tout au plus, l'aperception peut-elle s'exercer, assez péniblement du reste, lorsqu'un Français étudie une des langues du groupe des langues latines, ou lorsqu'un Allemand entreprend l'étude d'un idiome germanique. Car dans ces cas il y a quelque lien de parenté entre les mots nouveaux qu'on veut s'assimiler et l'idiome qu'on est accoutumé à parler. Mais en général, l'aperception ne réussit guère en ces matières, et il n'y a pas d'autre moyen d'apprendre une langue étrangère que les exercices de mémoire qui exigent un effort considérable et soutenu d'attention volontaire.

Il en est de même pour l'étude des mathématiques et de la géométrie. Mais une fois que la langue est sue, une fois qu'on possède sa géométrie et les formules de mathématiques, l'aperception rentre en scène et s'exerce avec la plus grande précision.

CHAPITRE IV

APPLICATIONS PRATIQUES DE L'ATTENTION APERCEPTIVE

I

ASSOCIATIONS D'IDÉES NATURELLES ET ARTIFICIELLES

Toute aperception doit être préparée. La nature, la vie sociale, l'expérience, les nécessités de l'existence se chargent du soin d'accumuler dans notre esprit des masses plus ou moins désordonnées de représentations grâce auxquelles s'exerce une aperception plus ou moins défectueuse.

Aussi est-il indispensable qu'à ces *associations naturelles*, un peu rudimentaires, viennent s'ajouter des associations méthodiquement ordonnées. Ce sont les *associations artificielles, concertées.*

Lorsqu'un homme veut exercer une action quelconque sur les sentiments et les idées d'autres hommes, il a intérêt à éveiller chez ceux-ci l'attention aperceptive. Il y a, en effet, des cas très fréquents où l'on ne peut pas espérer exciter chez les autres une attention volontaire soutenue.

Certains négociants, les charlatans et les entrepreneurs de spectacles, ont recours à des moyens plus ou moins grossiers pour forcer l'attention d'un public indifférent ou distrait: Affiches qui « tirent l'œil », coups de grosse caisse, rien n'est négligé pour solliciter l'attention. Mais l'attention primitive se fatigue vite. Il faudrait pour la tenir en éveil, employer des moyens de plus en plus violents. Il arrive un moment où même des coups de canon demeurent inaperçus.

Passons à d'autres catégories d'hommes qui aspirent aussi à éveiller l'attention de leurs semblables Ce sont ceux qui ont le désir, l'ambition, ou tout simplement le devoir d'exercer sur leurs semblables une action puissante en vue d'un but plus ou moins élevé.

Parmi eux nous mentionnerons les orateurs, les poètes, les écrivains, les auteurs dramatiques, les éducateurs, les hommes d'Etat. Ceux d'entre eux qui se sont signalés par les plus grands succès, se sont toujours appliqués à éveiller autour d'eux l'attention aperceptive, au moyen d'une savante préparation qui consistait à créer chez les hommes un cercle d'idées déterminé

Toute manifestation artistique et littéraire use largement de l'art des préparations.

L'APERCEPTION ET L'ART ORATOIRE

Les bons orateurs le savent bien. Il n'ont garde de jeter dans le public qui les écoute des affirmations dont la nouveauté étrange risquerait de scandaliser, d'effrayer, de repousser leurs auditeurs. Une vérité imposée sans préparation, fût-elle sublime, risquerait pour le moins de rester incomprise. Ils n'useront qu'avec discrétion des grands moyens : éclats de voix, apostrophes, gesticulation désordonnée, car il est dangereux de s'adresser à l'attention primitive qui se fatigue et se blase vite.

Ils commenceront toujours par faire appel aux sentiments communs à tout le monde, aux idées moyennes bien familières à la foule. Partant de ces associations, comme d'une base sûre, ils passeront, par des transitions insensibles, aux vérités neuves et originales, peut-être désagréables, qu'ils ont à dire. Ils auront soin de tenir l'attention de leur auditoire en haleine, en lui faisant sentir les lacunes et les points faibles du système d'idées régnant, en lui suggérant le désir d'obtenir un éclaircissement sur un point resté obscur, une réponse à une question intéressante, une certitude à la place d'un doute inquiétant.

Les bons orateurs ne dédaignent pas les lieux communs. Ils se contentent de les renouveler par leur talent. Ils éviteront de jeter à profusion des idées nouvelles; l'aperception ne se ferait pas. Une seule idée énoncée à la fois suffira pour tenir en suspens l'attention du public. D'autres suivront une à une, mais chacune tombera sur un terrain préparé avec soin.

L'auditeur a le sentiment ou l'illusion de collaborer avec l'orateur. L'attention aperceptive, quoiqu'elle soit involontaire, exige un certain effort. Cet effort a beau être spontané, il n'en constitue pas moins un travail mental suggestif et intéressant.

Il y a une grande différence entre un discours artistement composé et une leçon de sciences pures. Là, le professeur n'a pas à se préoccuper de l'art des préparations, dans le sens où nous venons de l'exposer. Il compte sur un auditoire d'étudiants qui prennent des notes. Il s'inquiète peu si les nouveautés qu'il a à dire étonnent ou scandalisent l'auditoire. La préparation de l'aperception au moyen d'associations concertées lui ferait perdre trop de temps. Il ne compte que sur l'attention volontaire.

L'APERCEPTION ET L'ART DRAMATIQUE

Les bons auteurs dramatiques connaissent et pratiquent mieux que personne l'art des préparations. Non seulement ils tiennent largement compte des idées, des préjugés de la foule, mais ils préparent aussi de toutes pièces une donnée, une situation, qu'ils ont soin d'enfoncer profondément dans l'esprit du public. Après cela seulement, ils mettent en branle les péripéties et les coups de théâtre, en ayant soin de les faire craindre ou désirer. Un coup de théâtre non attendu et non préparé manque son effet.

Certains traits spirituels et très fins passent inaperçus au théâtre : ils ne passent point la rampe. D'autres traits, au contraire, qui ne sont ni fins ni spirituels, ont une fortune énorme. C'est que ces derniers sont des mots de situation, c'est-à-dire qu'ils sont préparés, désirés, à la suite d'une situation dramatique intéressante. En dehors de cela, le public ne rit pas, parce qu'il se sent désorienté.

II

LE ROLE DE L'APERCEPTION DANS LA PÉDAGOGIE

C'est dans la pédagogie que l'aperception devrait jouer un rôle capital. Mais cette vérité élémentaire est loin d'avoir été comprise. On ne se sert que timidement de l'aperception dans la pratique de l'éducation. Généralement les théoréticiens eux-mêmes l'ignorent. Dans la plupart des traités de pédagogie, le chapitre sur l'attention aperceptive manque. Quant à l'attention volontaire, la seule qu'on connaisse, elle est toujours traitée d'une manière insuffisante.

On admet généralement que c'est l'attention volontaire qui constitue le moyen par excellence de l'instruction des enfants. Pourtant, on devrait se dire que l'enfant, à ses débuts, ne possède pas encore de volonté ferme, guidée par la raison ; que le but de l'éducation est précisément de former la volonté ; qu'exiger des efforts de volonté réfléchie d'un être qui n'a pas encore de volonté, c'est tourner dans un cercle vicieux.

Sans doute, on a institué les leçons de choses, qui, si elles sont bien comprises, font une large part à l'aperception. Le maître montre aux élèves un objet nouveau ; il excite leur curiosité ; il leur suggère des relations nouvelles et instructives entre l'objet nouveau et les représentations acquises précédemment. Chaque aperception, en contribuant à compléter une série de notions acquises, prépare et facilite les aperceptions suivantes. Mais nous doutons que les leçons de choses soient toujours données dans cet esprit. Le plus souvent elles se donnent au petit bonheur ; elles ne se font pas suite, et l'enseignement n'en tire pas autant de profit qu'il le pourrait.

Déjà Rabelais a indiqué la voie à suivre. Il commence par faire, au moyen d'une caricature, la critique du système d'instruction basé exclusivement sur l'emploi de l'attention volontaire, système qui consiste à cultiver surtout les exercices de mémoire.

« Un grand docteur sophiste, nommé maître Théobald Holopherne, lui apprit sa charte (l'*abc*) si bien qu'il la disait par cœur à rebours, et il y fut cinq ans et trois mois. » Suit une énumération bouffonne des infolios que l'élève apprit par cœur sans y rien comprendre. « A tant que son père aperçut que vraiment son fils étudiait très bien et y mettait tout son temps, toutefois que rien ne profitait. Et qui est pis, en devenait fou, niais, tout rêveux et rassoté. »

A force de surmener l'attention volontaire, on avait brisé les ressorts de la volonté.

Après cela, Rabelais esquisse à grands traits un système d'instruction basé sur l'attention aperceptive. (*Gargantua*, chap. 23 et 24).

Sa méthode consiste à *préparer* des aperceptions en dotant son élève de groupes de notions judicieusement associées.

Le maître et son élève observent l'état du ciel, astres et constellations, soir et matin. A table, « on devise joyeusement ensemble de la vertu, propriété, efficace et nature de tout ce qui est servi : de pain, de vin, de l'eau, du sel, des viandes, des poissons, fruits, herbes, racines ». Comme préparation à l'étude des mathématiques, « ils faisaient mille joyeux instruments et figures géométriques ». Ils visitent les ateliers des artisans, les boutiques des droguistes, herbiers, apothicaires, etc. Mêmes préparations en vue de l'instruction religieuse et morale.

Après cela on fait appel à l'attention aperceptive : on cherche, on trouve des explications sur des points douteux, des renseignements supplémentaires au moyen de livres qu'on apporte même à table. On répète les leçons du jour du devant, les disant par cœur « pour y fonder quelques cas pratiques ». Chaque observation nouvelle, chaque leçon, chaque lecture, doit servir à combler quelque lacune, à compléter une série. Chaque aperception fait naître des questions nouvelles et ouvre des horizons plus vastes.

Le véritable initiateur de l'enseignement par l'aperception est J.-J. Rousseau [1] :

« Le maître ne doit pas donner des préceptes, mais il doit les faire trouver. »

« C'est rarement à vous de lui proposer ce qu'il doit apprendre, c'est à lui de le désirer, de le chercher, de le trouver, à vous de le mettre à sa portée, de faire naître adroitement le désir, de lui fournir le moyen de le satisfaire. »

Le maître ne « contraint » pas son élève à « vouloir » apprendre quelque chose : ce serait absurde. Mais il s'y prend de telle manière, au moyen de préparations habiles, que l'élève accueille avec empressement tel supplément de connaissances ardemment souhaité, et qu'il éprouve même l'illusion de l'avoir trouvé lui-même.

C'est sur ce principe que sont fondées les leçons d'astronomie, de physique, de chimie, de géométrie, dont Rousseau nous expose le détail, non pas, comme on l'a prétendu sottement, pour nous donner des leçons modèles, mais pour nous exposer, par des leçons-types, le mécanisme théorique de l'enseignement fondé sur l'aperception. Ces fameuses leçons sont des expériences scientifiques au premier chef, aussi rigoureuses que cela est possible en pédagogie, car elles mettent en évidence, non pas un cas isolé, ce qui, en cette matière, ne prouverait rien, mais le résultat raisonné de beaucoup d'observations partielles. L'expérience dont se

[1] L'*Emile* de Rousseau tout entier mérite d'être étudié à ce point de vue.

vante un pédant à courte vue n'a aucune valeur scientifique, et ne saurait entrer en comparaison avec les puissantes généralisations d'un Rousseau.

Celui-ci met tous ses soins à préparer l'aperception au moyen d'associations concertées de notions préliminaires judicieusement choisies et soigneusement liées entre elles. Une fois que ce cercle provisoire d'idées est formé, l'élève est mis en présence de la notion nouvelle qui complétera la série ébauchée, et qui, en corrigeant les défectuosités constatées, donnera satisfaction à l'esprit de l'élève.

On pourrait objecter que ce désir de connaître qui va au-devant de l'aperception est déjà un acte de volonté ; donc l'attention par aperception serait déjà de l'attention volontaire.

Certes, l'aperception est un acheminement vers l'attention volontaire : il arrive un moment où ce désir devient une résolution ferme. Mais dans les nombreux cas que nous avons étudiés, chez l'écolier, chez le public qui écoute un discours, ce désir n'est pas dû au choix ni à la libre détermination du sujet attentif, mais à l'initiative et à l'habileté du maître ou de l'orateur, tout comme l'intérêt passionné d'un public de théâtre est uniquement l'œuvre de l'auteur du drame qu'on représente.

Au reste, ce désir, cette curiosité, cet empressement contiennent bien réellement des germes de volitions qu'il s'agit de développer. Par eux-mêmes ils ne constituent pas encore des actes de volonté consciente. *L'attention par aperception est l'école de la volonté.* Suivre avec empressement une impulsion qu'on subit, ce n'est pas encore faire acte d'initiative volontaire, mais c'est un excellent moyen de s'exercer à prendre plus tard des initiatives proprement dites.

« Enseigner, c'est choisir le fait ou la notion qui mérite l'attention de l'esprit, et le présenter de telle sorte que l'auditeur, saisissant la donnée offerte, *aperçoive* les relations qui l'unissent à d'autres données pour former un tout. »

(E. Lavisse, *Annales pol. et litt.*, 1904, p. 387.)

III

L'APERCEPTION ET LA POLITIQUE

Il faudrait multiplier les exemples d'aperceptions artificiellement préparées, pour en faire mieux comprendre le rôle et l'importance.

Les hommes d'Etat, obligés à conquérir la faveur des hommes, ne peuvent réussir qu'à la condition de se servir avec virtuosité de la faculté d'aperception de ceux qu'ils veulent servir ou dominer.

Pompée, arrivé au pouvoir grâce à des circonstances heureuses, ne sut pas retenir la faveur publique. Confiant dans son étoile, il ne fit rien pour tenir en éveil l'intérêt de la foule, au moyen de ces coups de théâtre savamment préparés qui satisfont partiellement la curiosité du peuple, tout en se ménageant des occasions nouvelles de la surexciter.

Cicéron offre, à cet égard, une particularité curieuse : En tant qu'orateur, il use avec une grande virtuosité de tous les artifices oratoires pour entretenir l'attention aperceptive chez une foule suspendue à ses lèvres. En tant qu'homme d'Etat, il se borne à rappeler sans cesse les services rendus, et cette répétition fastidieuse lasse et ennuie.

Mais Jules César! Dès son adolescence, il cherche, par les moyens les plus divers, à retenir l'attention de la foule. Il sait aussi disparaître au bon moment pour guetter le moment favorable où le peuple lui fera fête. Sa politique consiste à se faire désirer. Alors même qu'il devient le maître, il fait semblant de céder aux prières de la foule.

L'APERCEPTION DANS LA LITTÉRATURE

Empruntons un dernier exemple, et non le moins curieux, à la littérature :

On connaît la différence qui existe entre les romans moraux et les romans réalistes. Les premiers ont l'approbation de tous les bons esprits, mais on ne les lit pas, parce qu'ils sont ennuyeux. Quant au roman réaliste, on tonne contre lui, mais on le lit. Faut-il déplorer cet état de choses ?

Nous ne le croyons pas, et voici pourquoi :

Le roman moralisant, qui fut surtout en honneur au XVIIIe siècle, contient beaucoup de déclamations sentimentales et honnêtes. De nos jours, ces épanchements semblent fort ennuyeux. Il faut un effort d'attention très soutenu et très fatigant pour lire jusqu'au bout ces interminables considérations morales. Au reste, il est certain que cette littérature, si fort à la mode au XVIIIe siècle, n'a nullement relevé le niveau, alors assez bas, de la moralité publique.

Le roman réaliste moderne est sobre de considérations moralisantes. Chez tel maître du genre, Gœthe, Flaubert, Guy de Maupassant, elles manquent tout à fait. On a pu s'y tromper et les accuser d'immoralité, ce qui est une erreur et une injustice. Ces sortes d'œuvres sont parfois très riches en enseignements. Seulement, l'auteur se garde bien de les prêcher : il préfère mettre le lecteur en état de les chercher lui-même et lui procurer le plaisir de les déduire lui-même des faits. L'art de l'écrivain consiste à tenir l'attention du lecteur en suspens, à l'inciter à tirer certaines conclusions, à lui inspirer le sentiment qu'elles sont bien à lui, et qu'il achève et complète ainsi la pensée du maître. Le lecteur a l'illusion d'être le collaborateur de l'écrivain.

Ainsi l'on réalise la règle de Rousseau : « Le maître ne doit pas donner des préceptes, mais il doit les faire trouver. C'est à l'élève à désirer ce qu'il doit apprendre et rechercher, à vous de le mettre à sa portée. »

CHAPITRE V

LES RÈGLES DE L'ATTENTION APERCEPTIVE CONCERTÉE

I

LA LOI DE L'APERCEPTION

Comme pour l'attention primitive, nous distinguons entre la loi générale et les règles pratiques de l'attention aperceptive concertée ou artificielle.

Il n'existe, du reste, qu'une loi, qu'on peut formuler ainsi :

Dans tout acte de connaissance qui n'est pas dirigé par la volonté, l'exactitude et la rapidité de la connaissance s'accroissent en proportion de l'étendue, de la variété et de la coordination judicieuse des associations d'idées acquises.

Dans les autres actes de connaissance, où prédomine l'attention volontaire, le succès dépend aussi d'autres éléments, tels que le raisonnement, l'imagination, l'effort, etc.

Ici, tout dépend de la composition des masses de notions associées, à l'aide desquelles s'opère le mode de connaissance automatique appelé aperception. Lorsque ces associations se forment au hasard de nos contacts habituels ou accidentels avec notre entourage ou avec la nature, il arrive, le plus souvent, qu'elles restent pauvres et défectueuses. Dans ces conditions, l'acte de connaissance qui a pour objet une perception nouvelle, reste incomplet, si tant est qu'il puisse avoir lieu.

Un homme d'intelligence moyenne, qui ne saurait ni lire ni écrire, serait très embarrassé pour se rendre compte d'un phénomène nouveau, ou d'une idée qui sortirait de l'ordinaire. Tout ce qui dépasserait le cercle étroit d'idées et de représentations où il se tiendrait enfermé, le laisserait indifférent, ou lui inspirerait tout au plus un sentiment de défiance ou de crainte. Pour l'esclave façonné à la servitude, la liberté elle-même n'est qu'un vain mot qui n'éveille en son cœur que des notions confuses et des sentiments d'inquiétude, à moins qu'il ne le laisse complètement indifférent. On s'est souvent étonné de l'attitude qu'observe le sauvage ou l'homme du désert qui se trouve, tout à coup, transporté à Paris, au milieu des merveilles de notre civilisation. Ces hommes ne montrent aucune curiosité. On a attribué cette attitude à un parti pris d'impassibilité ou de dédain. C'est une erreur. L'incapacité où se trouve un enfant de la nature de s'assimiler les impressions nouvelles que le spectacle d'une grande ville lui apporte, s'explique bien simplement : comme il ne possède aucune notion, aucune association de notions analogue à ce qu'il voit, les impressions neuves ne peuvent pas aboutir à un acte de connaissance, car il ne peut ni comparer ni discerner. Tout ce qu'il voit n'est pas seulement nouveau, mais étrange, inexplicable. Au lieu de la curiosité, vous ne trouverez en lui qu'ahurissement, stupeur. Mais, le plus souvent, ce sera de l'indifférence. C'est ce qui arrive, par exemple, à un enfant, auquel le maître maladroit veut expliquer une idée, un théorème, une règle, alors que l'élève ne possède pas encore la moindre notion préparatoire sur ces sujets. L'élève reste indifférent, et le discours du maître est perdu, comme de l'eau qui coule sur du marbre.

Cependant, ni l'enfant, ni l'homme du désert ne sont incapables d'aperception. Il suffit, pour cela, de leur montrer un objet dont l'image puisse éveiller en eux des notions qui leur sont familières. Montrez au premier un nouveau jeu, à l'autre de beaux chevaux ou de belles armes, et vous verrez briller une flamme dans ces yeux mornes.

Dans la vie de tous les jours, l'aperception naturelle ne produit que peu de résultats. Elle ne fonctionne d'une manière féconde que si elle a été artificiellement préparée.

L'aperception concertée est un résultat de l'éducation, de l'instruction et de l'expérience méthodiquement dirigée. La famille et l'école accumulent dans l'esprit de l'enfant ces masses énormes d'associations qui s'appellent le langage, l'écriture, la lecture, la numération, l'histoire, la géographie, etc. Grâce à ces associations, patiemment élaborées, lentement complétées, habilement concertées, les notions nouvelles les plus variées peuvent être instantanément assimilées, de même que de jeunes recrues s'encadrant rapidement dans les rangs d'une armée bien organisée.

Puisqu'il y a un art de provoquer l'attention au moyen d'associations préparées spécialement à cet usage, nous allons étudier les règles de cet art[1].

[1] On trouvera sur ce sujet des indications précieuses chez F. Ziller. *Vorles. über allgemeine Paedagogik.* § 26, p. 290 ss.

II

PREMIÈRE RÈGLE DE L'APERCEPTION CONCERTÉE

Pour qu'il y ait une aperception, il ne suffit pas qu'une notion qui survient soit nouvelle, il faut qu'elle semble nouvelle.

On pourrait croire qu'une impression nouvelle doive, nécessairement, paraître telle. Mais ce n'est pas toujours le cas.

Une notion a beau être nouvelle, si elle ne rencontre pas des notions acquises, qui l'accueillent et qui l'expliquent, elle reste étrangère à l'esprit, pareille à la graine qu'on jetterait à la surface de l'eau, au lieu de la confier à un sol bien préparé.

D'autre part, il n'est nullement nécessaire, pour provoquer l'aperception, que la notion nouvelle corresponde à un fait inouï et extraordinaire. L'aperception s'exerce le mieux sur des notions familières, connues, pourvu qu'elles contiennent quelque élément nouveau. Il suffit même qu'une notion ancienne soit renouvelée d'une façon quelconque. Dans le premier cas, l'esprit aperçoit, dans un objet, qu'il connaissait jusque-là en gros, des particularités qu'il ne soupçonnait pas, ou des nuances plus délicates. Dans le second cas, le renouvellement d'une représentation familière est le résultat d'un artifice et, pour tout dire, de l'art.

Phèdre, Iphigénie, Oreste, Achille, Andromaque, sont des figures de l'histoire ou de la légende très connues. Personne n'ignore leur histoire, leurs aventures, leur caractère, leur physionomie, tels que la tradition les a consacrés. Avec quel art, Racine, Glück, Gœthe, les ont renouvelées! Il n'est pas même nécessaire, pour intéresser le public, d'avoir recours à ces chefs-d'œuvre modernes. Parfois, le drame antique suffit à lui seul à émouvoir le public. C'est que les grands acteurs ont le don de renouveler les héros de la tragédie et les situations dramatiques par leur mimique, par l'accent de leur voix, par une interprétation nouvelle d'un texte antique. « Le neuf, c'est du vieux qui a été oublié. » (E. FAGUET.)

Il n'y a guère d'idée ni de sentiment qui n'aient été exprimés ou dépeints de mille façons, dans le cours des siècles, par les poètes, les moralistes et les artistes. Et pourtant beaucoup d'entre eux ont mérité et méritent encore l'admiration, parce qu'ils ont réussi à revêtir ces vieilles choses de formes nouvelles.

Quand Chateaubriand publia *le Génie du christianisme*, où il n'y a pas une seule idée inédite, où tout est lieu commun, ce fut un cri de surprise et le signal d'un grand mouvement religieux et littéraire. C'est qu'il avait renouvelé des pensées antiques par la magie de son style. La poésie est comme la fontaine de Jouvence d'où les vieilles traditions sortent rajeunies, à la fois familières et étranges, antiques et modernes.

III

DEUXIÈME RÈGLE DE L'APERCEPTION CONCERTÉE

Pour faciliter l'aperception, il faut que la notion nouvelle soit semblable, mais non pas identique, aux notions acquises.

Lorsqu'un poète ou un artiste n'a ni assez de talent, ni assez de bonne volonté pour renouveler son sujet, il tombe dans la banalité qui laisse le public indifférent. Un art qui se borne à copier des modèles connus, un artiste qui, ayant produit un chef-d'œuvre, n'en livre plus que des reproductions ou des répliques, endorment l'attention aperceptive.

Un orateur qui répète toujours les mêmes périodes oratoires, un moraliste qui tient toujours les mêmes propos, un maître d'école qui ne connaît que sa routine, n'engendrent autour d'eux qu'ennui et indifférence. Le lecteur, l'auditeur, l'élève, ne ressentent ni désir, ni curiosité. Leur cercle d'idées ne se trouve ni complété ni redressé.

Mais, si l'esprit est insensible à l'identique, il n'en est que plus intéressé par le semblable.

Des notions qui se ressemblent, sans être identiques, comportent assez de différences pour stimuler l'attention, et assez d'analogies pour se laisser assimiler, c'est-à-dire pour être comprises.

La comédie a la prétention de reproduire des scènes de la vie réelle. Si elle n'en était que la copie, elle n'intéresserait guère. On ne va pas au théâtre pour y trouver une plate reproduction des incidents de la vie banale. Et cependant, on aime à y rencontrer une représentation ressemblante du milieu social actuel. Le théâtre intéresse donc dans la mesure où l'action est *vraisemblable:* non pas identique, mais semblable à la réalité.

En résumé, des impressions étranges restent incomprises ; des impressions banales s'effacent ; mais des impressions nouvelles et pourtant semblables à certains ordres de notions familières intéressent, excitent la curiosité, précisément à cause de ces différences et de ces ressemblances.

IV

TROISIÈME RÈGLE DE L'APERCEPTION CONCERTÉE

Les notions nouvelles doivent se relier aux notions anciennes au moyen de transitions consistant en notions intermédiaires procurant une série ascendante d'éclaircissements successifs.

Qu'on médite ces paroles de Rousseau qui s'appliquent aussi bien aux adultes qu'aux enfants :

« Nous procédons toujours lentement d'idée sensible en idée sensible. Nous nous familiarisons longtemps avec le même objet avant de passer à un autre. Nous ne forçons jamais notre élève à être attentif. »

« Voici le temps de l'accoutumer peu à peu à donner une attention suivie au même objet; mais ce n'est jamais la contrainte [1], c'est toujours le plaisir ou le désir qui doit produire cette attention. S'il vous questionne, répondez autant qu'il faut pour nourrir la curiosité, non pour la rassasier. »

Ces dernières lignes expriment fort clairement ce que nous entendons par une transition. Celle-ci consiste à établir entre l'ancien et le nouveau une série d'aperceptions, au moyen de questions et de réponses. Chaque solution partielle nourrit la curiosité, sans épuiser le sujet, tout juste assez pour laisser surgir un nouveau problème partiel motivant un nouvel éclaircissement.

Le maître dans l'art des transitions, c'est

[1] Ce que Rousseau appelle attention contrainte, ce n'est pas l'attention involontaire, mais l'attention volontaire, en tant qu'elle exige un effort pénible qui fait naître un sentiment de contrainte. Le type de cette sorte d'attention c'est l'exercice de mémoire.

Socrate. Les dialogues de Platon nous fournissent des exemples parfaits de cette méthode. Les chefs-d'œuvre de la poésie classique, par exemple l'Odyssée, se distinguent par l'art des transitions. Quand celles-ci font défaut, l'intérêt se lasse.

Les esprits trop absolus négligent volontiers la méthode des éclaircissements successifs, et leur impatience préfère souvent une méthode radicale ou autoritaire. Les grands inventeurs, les génies novateurs, en avance sur leur siècle, forts de leur supériorité, aiment à violenter l'attention du public. Celui-ci se montre le plus souvent rétif, et en cela il est bien excusable. Car si le public repousse une idée neuve, c'est presque toujours parce qu'il est hors d'état de la comprendre, faute d'échelons intermédiaires, sans lesquels il ne saurait gravir les hautes cimes où on le convie à monter.

Certains historiens prétendent que Robespierre et Saint-Just poursuivaient un idéal très élevé. C'est possible, après tout, mais ces hommes n'avaient certainement pas la moindre notion de l'utilité des transitions pour faire triompher des idées nouvelles. Au lieu de chercher à guider l'opinion publique d'étape en étape, ils l'ont terrorisée. La terreur a abouti à la lassitude et finalement à l'indifférence.

Récemment les hommes politiques qui se rattachaient au positivisme se sont distingués par leur vif sentiment de la nécessité de sérier les questions, c'est-à-dire de ménager des transitions. Nous avons défini cette méthode : celle des *éclaircissements successifs*.

Voici ce que nous entendons par là :

On ne doit jamais passer d'une notion, même intermédiaire, à une autre notion, sans être assuré que la première est parvenue dans l'esprit au plus haut degré de clarté, sans qu'elle ait été parfaitement comprise. Pour la géométrie, les mathématiques, la physique, cela paraît évident.

Œdipe roi passe brusquement du faîte des grandeurs à la plus lamentable condition. Un poëte superficiel se fût borné à produire la pitié et la terreur au moyen de quelques tableaux saisissants. Sophocle excite et entretient la curiosité, l'intérêt, l'inquiétude, l'anxiété, la terreur et la pitié, en nous faisant assister à la lente éclosion de la lumière. Ce sont des clartés successives qui se lèvent et qui préparent la catastrophe finale.

Racine obtient le même résultat en projetant des lueurs d'intensité croissante et délicatement nuancées sur un caractère, d'abord énigmatique, qui se découvre peu à peu, jusqu'au moment où il s'élève à la grandeur tragique.

Cet art des transitions est donc indispensable au fonctionnement de l'aperception concertée. Rousseau l'appelait : « L'art de perdre du temps ».

V

QUATRIÈME RÈGLE DE L'APERCEPTION CONCERTÉE

Entre deux points culminants de l'attention aperceptive, il faut ménager un temps d'arrêt.

Cette règle s'applique à tous les genres d'attention et même à tous les genres d'activité. L'ouvrier manuel a besoin de se reposer entre deux efforts violents ou prolongés. L'écolier, le savant, l'artiste, après un travail qui exige une grande somme d'activité volontaire, ont besoin de récréation, de repos. La nature prend soin de nous y obliger, en nous imposant la nécessité du sommeil. Certaines institutions sociales, comme le sabbat juif, ont tenu compte de la loi universelle.

Quand la volonté entre en jeu, on peut, jusqu'à un certain point, violer cette loi. Tel savant passe des nuits blanches, telle leçon se prolonge, telle pauvre femme se privera du repos du dimanche et peut-être du sommeil pour gagner du pain pour ses enfants.

Mais dans l'attention spontanée, où le sujet attentif subit passivement une impulsion ou du moins une sollicitation, l'arrêt dépend de celui qui dirige et suggère l'aperception. Ce n'est pas l'élève qui peut ménager un point d'arrêt entre deux aperceptions : cette tâche incombe au maître. De même, au théâtre, le public accepte passivement ce que l'auteur lui fait dire par la bouche des acteurs. C'est à l'auteur que revient le soin de procurer au public un temps de repos entre deux scènes d'un intérêt palpitant.

Lorsqu'on supprime le temps d'arrêt entre deux aperceptions importantes, *la seconde ne se fait pas*.

Il serait utile et intéressant d'étudier à cet égard le mécanisme cérébral et les conditions normales d'un bon fonctionnement des centres nerveux. Voici ce que nous dit A. Bain (*L'esprit et le Corps*. P. 49. n) :

« Les fibres nerveuses et les corpuscules (de la substance grise du cerveau), soumis à une stimulation, subissent un changement qui épuise peu à peu leur puissance, et par suite duquel ils ont besoin d'un intervalle de repos. C'est pour cela que les premiers moments d'une sensation sont toujours les plus vifs et produisent l'impression la plus forte. La même règle s'applique à notre puissance active dans toutes ses branches, qu'il s'agisse de l'intelligence, de la volonté ou des émotions. Cette puissance est au maximum lorsque les nerfs rentrent en action après s'être, pour ainsi dire, renouvelés ; elle faiblit à mesure que nous approchons du point d'épuisement. »

C'est le matin que la faculté d'attention aperceptive semble s'exercer le mieux. Le travail du soir ou de la nuit est plutôt dû à l'effort de la volonté.

Plus un acte mental est conscient, plus il fatigue. L'attention, sous toutes ses formes, tend à épuiser l'organisme physique, plus peut-être, que le travail musculaire. Sans doute une bonne alimentation, de bonnes conditions hygiéniques peuvent y remédier, mais le meilleur remède c'est le repos.

ARRÊT, REPOS, TRAVAIL INCONSCIENT

D'autre part, nous savons que les impressions se succèdent avec une rapidité extrême, sans interruption, excepté peut-être à l'état de sommeil sans rêve. Il ne saurait donc être question d'un temps d'arrêt dans le sens absolu du mot. Le cerveau est toujours en activité.

Un temps d'arrêt ne peut donc signifier qu'un ralentissement ou un changement dans le cours des idées, ce qui arrive surtout lorsque des impressions conscientes, qui sollicitaient l'attention, retombent à un état inconscient. Un tel changement constitue à lui seul un repos, un délassement.

L'état conscient n'est qu'une partie du phénomène mental. L'autre partie, vraiment constitutive de l'acte, c'est le processus nerveux. Or la partie nerveuse ou organique de ce processus peut persister, sans être accompagnée de l'état de conscience. C'est ce que M. Ribot appelle la *cérébration inconsciente. (Les maladies de la mémoire*, p. 25.)

D'après M. Ribot, le travail de cérébration inconsciente est immense, puisque des centres nerveux très divers peuvent agir à la fois. Une petite partie seulement de ce travail devient consciente. « La conscience est l'étroit guichet par où une toute petite partie de ce travail nous apparaît. »

La nécessité d'un point d'arrêt entre deux points culminants de l'attention aperceptive, n'est donc point motivée seulement par le besoin de repos, mais aussi par celui d'assurer l'assimilation parfaite de chaque aperception consciente au moyen d'une cérébration inconsciente.

Herbart et son école, qui ont fort bien élucidé ces questions[1], et qui ont élaboré les premiers une théorie scientifique de l'attention aperceptive, arrivent par une voie différente aux mêmes conclusions que le savant français. Ils se servent même d'une image très expressive : C'est, disent-ils, la respiration de l'âme[2]. Avant d'aspirer une nouvelle provision d'air, le poumon

[1] Voyez : E. Rœhrich. *Théorie de l'Education d'après Herbart*, p. 444 et ss.

[2] « La dure sentence, qui veut que le repos ait pour but un changement, et que le recueillement de la réflexion soit un moyen pour de nouveaux efforts de concentration, s'adoucira pour nous, si nous tenons le va-et-vient continuel de l'âme, entre l'état de repos et le travail actif ou passif, pour la *respiration* de l'âme, pour la condition et la marque de la santé. » Herbart, *Allgem. Paedagogik*. Ed. Richter, I, p. 90.

expire une partie de celui qu'il contenait, et subit ensuite un petit temps d'arrêt.

De même, lors du fonctionnement de l'attention aperceptive, celui qui la dirige aura soin de permettre à l'appareil mental du sujet attentif de se reposer après qu'il se sera assimilé une notion nouvelle, avant de passer à l'absorption de la suivante.

Cette règle est suivie par tous ceux qui savent entretenir l'attention aperceptive chez les autres.

Rousseau se promène avec son élève ; ils gagnent un lieu d'où ils voient le soleil se lever dans toute sa splendeur. Le maître ne dit rien. Au soir ils retournent au même endroit pour contempler le coucher : « Pourquoi le soleil qui s'est levé ici, se couche-t-il là ? » Point de réponse. Le lendemain ils y retournent. Nouvelle question à laquelle l'élève répond comme il peut, et c'est sur cette réponse que le maître greffe tout un enseignement pratique, uniquement fondé sur des aperceptions successives, dont chacune amène un éclaircissement nouveau.

Au théâtre, les premiers rôles ne restent pas toujours en scène. Grâce à des épisodes qui reposent l'attention, la faculté d'aperception du public se rafraîchit, en attendant la rentrée du personnage principal et un nouveau point culminant de l'attention.

VI

L'APERCEPTION, SOURCE DE FATIGUE

On pourrait croire que, puisque la mise en œuvre de l'attention aperceptive tend à remplacer la « contrainte » par le plaisir, et l'effort par le désir, elle devrait avoir pour effet d'éviter la fatigue et de rendre inutiles ces points d'arrêt entre deux points culminants de l'attention.

Sans doute l'aperception évite par son automatisme beaucoup de fatigues, ainsi que nous l'avons constaté plus haut. Néanmoins il subsiste encore assez d'occasions de fatigue.

D'abord toute aperception exige une préparation, qui consiste parfois à créer de toutes pièces des associations nouvelles. Pour cela, il faut parfois de longs efforts de la mémoire, et une énergique intervention de l'attention volontaire.

La cérébration inconsciente constitue sans doute un repos relatif ; mais ce repos est en réalité une activité, un travail. Or un travail, même ralenti, est toujours une source de fatigue.

Quant à l'aperception elle-même, quelque grande que soit la facilité avec laquelle elle se réalise, elle est toujours liée à un désir, à la curiosité, à l'attente, qui peuvent amener à leur tour des émotions assez vives. L'auditeur qui est suspendu aux lèvres de l'orateur, a le sentiment de collaborer avec lui. On sort d'un concert, d'une conférence, avec un sentiment mélangé de satisfaction et de fatigue. Parfois il reste dans l'esprit des problèmes non résolus, des désirs non assouvis. A. Bain fait remarquer avec raison que le plaisir use la vivacité d'une sensation plus sûrement qu'une impression exclusivement intellectuelle.

L'aperception facilite le travail cérébral, mais elle multiplie les occasions de travail et par conséquent de fatigue. Une ménagère très entendue n'a pas de peine à découvrir les points défectueux d'un ménage mal tenu. Un seul coup d'œil lui suffit pour cela. Mais cette intuition rapide l'obligera à de longs et pénibles efforts pour remettre de l'ordre dans la maison, et pour l'y conserver.

Au contraire, une ménagère négligente ou inexperte aura beau examiner la maison, elle ne trouvera pas grand'chose à faire, et se croisera les bras, là où la première sera accablée de besogne.

L'attention aperceptive est donc, directement et indirectement, une occasion de fatigue, tout comme les autres formes de l'activité mentale.

A plus forte raison elle fatigue, lorsqu'elle est parvenue à un point culminant, toujours accompagné d'émotions vives et suivi d'une cérébration latente. Si les aperceptions se suivaient de trop près, l'organisme n'y résisterait pas. Du reste la nature y a pourvu, car si deux aperceptions également importantes se suivent sans interruption, la seconde ne se fait pas.

DEUXIÈME PARTIE

L'ATTENTION VOLONTAIRE

CHAPITRE PREMIER

LES CARACTÈRES DE L'ATTENTION VOLONTAIRE

I

L'EFFORT VOULU

Il est certain que l'attention volontaire a pour élément essentiel l'*effort voulu*. Mais, à lui seul, l'effort voulu n'est pas un signe distinctif de l'attention volontaire.

L'effort voulu intervient dans une foule d'actes qui n'ont rien de commun avec l'attention. L'effort du forgeron qui lève son marteau diffère essentiellement de la tension d'esprit du savant dans son laboratoire.

De plus, il est difficile de déterminer le point exact où la simple tension nerveuse et musculaire devient acte de volonté consciente et méthodique. Les phénomènes de volition se rencontrent à un degré quelconque jusque dans les réactions sensorielles, dans le jeu de l'adaptation, dans le mécanisme de l'aperception. Chaque processus d'attention, spontanée ou volontaire, a un « exposant de volition » [1].

[1] C'est pour ce motif que nous n'avons pas pu adopter pour base de la division de ce travail le degré ou le mode de la tension et de l'effort. Tous les auteurs qui ont essayé d'exposer le chapitre de l'attention en prenant pour point de dé

Il est donc bien entendu que l'attention volontaire plonge ses racines dans les désirs plus ou moins rudimentaires propres à la nature humaine. Elle tire ses origines des phénomènes de tension, de réaction, d'adaptation des sens. Mais nous ne pouvions traiter à la fois tous ces sujets dans le même chapitre.

Il faut donc chercher d'autres caractères distinctifs de l'attention volontaire.

Souvenons-nous que celle-ci est un phénomène intellectuel. De là viennent les deux signes caractéristiques de l'attention que nous allons étudier avant de passer à l'effort voulu. Ce sont : *l'anticipation de la chose voulue* et *le choix.*

Je ne puis vouloir une chose que si je m'en fais d'avance une idée plus ou moins approximative. La volonté, lorsqu'elle est en pleine possession d'elle-même, obéit toujours à des mobiles intérieurs, et se conforme à des fins qui se présentent sous forme d'idées. L'attention volontaire a donc pour premier signe caractéristique l'*anticipation d'une chose qu'on veut mieux connaître* :

Ignoti nulla cupido.

Cette anticipation qui consiste dans la représentation de la chose qu'on veut connaître, suppose nécessairement un *choix* entre plusieurs objets de connaissance possibles, ou entre plusieurs idées d'objets à connaître.

part l'effort, ont abouti au désordre. C'est ce qui rend si difficile la lecture du chapitre, d'ailleurs si intéressant, de W. James sur cette question.

Sans doute, il peut paraître singulier qu'on ne puisse traiter avec ordre de l'attention en choisissant pour principe de division ce qui constitue l'essence de l'attention. Mais les problèmes concernant la tension : l'adaptation, l'aperception, l'effort voulu sont si complexes et touchent à tant de sujets divers, qu'il ne faut pas s'étonner s'ils demandent à être étudiés séparément.

L'attention volontaire se compose donc de trois éléments constitutifs : l'anticipation d'un but, le choix, l'effort.

Dans tous les actes d'attention spontanée, le choix est exclu par définition, puisque l'objet à connaître s'impose ou est imposé à l'attention. L'attention primitive n'est jamais mise en branle par l'idée ou par l'image d'un but, car le mécanisme de l'adaptation des sens n'est pas mis en mouvement par l'idée d'un objet ou d'une sensation, mais par la chose elle-même, et par la sensation. Quant à l'aperception, elle ne se fait que si l'objet à connaître est ou paraît nouveau, ce qui exclut toute anticipation de cet objet ou de son idée.

Mais dans tous les phénomènes d'attention volontaire, l'anticipation du but et le choix sont indispensables : ces deux éléments constituent donc bien des signes distinctifs de l'attention volontaire. Nous les étudierons avant de passer à l'effort voulu.

II

L'ANTICIPATION DU BUT PAR L'IDÉE

L'anticipation du but. — Nous entendons par ce terme la représentation plus ou moins vague ou approximative de la chose qu'on veut mieux connaître. Nous ne croyons pas possible d'admettre (avec Münsterberg) que « tout le contenu de la chose voulue doive nécessairement préexister dans l'idée, précéder la volition, que ce contenu soit à l'état inconscient ou à l'état de conscience ». Si nous possédions une notion parfaite de la chose à connaître, l'attention n'aurait plus de raison d'être. C'est précisément parce que l'idée que nous nous faisons d'une chose est incomplète, défectueuse, vague, que notre attention entre en jeu. Cette idée anticipée peut correspondre à un objet matériel, à une notion intellectuelle, à une œuvre d'art, à un sentiment. Elle peut même être tout simplement l'idée d'une lacune au milieu d'autres idées connues. Toujours c'est l'anticipation de cette idée qui actionne l'attention volontaire.

SENSATIONS ET REPRÉSENTATIONS DE SENSATIONS

On pense généralement que l'attention, comme tout acte de volonté, peut procéder non seulement d'une idée, mais aussi des sensations et des sentiments. Parfois on va jusqu'à soutenir que l'attention, à tous ses degrés, est toujours actionnée en dernière analyse par des sensations, et par des sentiments d'attraction et de répulsion.

C'est possible. Mais nous prétendons qu'une sensation ne peut actionner l'attention volontaire qu'à la condition d'être préalablement transformée en représentation de sensation. Ce ne sont pas, dans ce cas, les émotions elles-mêmes qui mettent en branle les ressorts de l'attention, mais les images de ces émotions. Les émotions entravent et dissipent l'attention. Un savant occupé d'un travail très absorbant a soin d'oublier tous les sentiments qui pourraient le troubler : chagrins ou joies de la vie de famille, jalousies, haines, ambitions, etc. Même l'amour passionné de la science, même l'enthousiasme, pourraient le priver du calme indispensable au bon fonctionnement de l'attention, la troubler et la distraire.

Au reste, il semble régner sur le sens du mot *sensation* une certaine confusion qui a pour effet d'embrouiller parfois les questions que nous étudions.

Ordinairement on entend par sensation une simple perception. Celle-ci se transforme immédiatement en idée.

Ces perceptions ont un côté affectif dont nous parlerons plus loin.

Puis il y a les sensations musculaires auxquelles certains savants attribuent une double vertu, à la fois émotionnelle et intellectuelle. Ce serait comme un sixième sens. En réalité il ne s'agit là que d'un état de conscience : l'affirmation énergique du moi. Cette sensation, inséparable de l'effort, ne saurait motiver en rien l'attention volontaire. Elle en est la conséquence.

On mentionne aussi parfois, parmi les causes qui actionnent l'attention volontaire, les sensations qui résultent des contractions des diverses parties du corps, à l'état d'attention, par exemple du froncement des sourcils, de l'arrêt de la respiration. Si ces sensations avaient un caractère affectif, si elles consistaient en émotions agréables ou désagréables, elles nuiraient à l'exercice de l'attention au lieu de la favoriser. Si ces mouvements et les sensations qui les accompagnent contribuaient à éveiller l'attention, la volonté n'y serait pour rien, et nous nous trouverions en présence d'un phénomène d'attention primitive, c'est-à-dire involontaire.

Restent les sensations affectives ou émotions. Celles-ci ne peuvent actionner l'attention qu'à la condition d'être transformées en images ou idées. Cette transformation a pour effet de dépouiller les sensations de leur caractère affectif, et d'atténuer leur violence originelle. Grâce à cette idéation, les sensations peuvent actionner l'attention volontaire :

« La mémoire, en reproduisant l'impression passée, ne reproduit pas l'émotion que nous avons ressentie, tout au plus une image de cette émotion. La représentation d'une douleur n'est pas une douleur. Le moi reproduit avec sérénité le contenu des impressions passées, même avec l'image des émotions qui les ont accompagnées, sans être troublé en lui-même le moins du monde. Ces représentations sont comme des ombres qui ne pèsent pas plus les unes que les autres, quelle que soit la pesanteur des corps auxquels ces ombres appartiennent [1]. »

Ce n'est pas la sensation de plaisir qui m'incite à lire un livre que je sais amusant, mais l'idée anticipée du plaisir que cette lecture me procurera. La sensation d'un plaisir est du reste incompatible avec l'attente de ce plaisir. Ce n'est pas la crainte en tant qu'émotion qui me fait examiner attentivement une arme à feu que je crois défectueuse, mais c'est la représentation anticipée des dangers qu'offre la présence d'une telle arme dans mon logis. Cependant ici on pourrait s'y tromper, car le terme de crainte désigne en réalité deux états différents : le sentiment de la peur et l'attente d'un mal. Celui-là suspend l'attention, celle-ci implique déjà une idée anticipée.

Lors des expériences de laboratoire et des observations scientifiques sur l'attention primitive que nous avons mentionnées, nous avons rencontré plusieurs cas d'anticipation de mouvements musculaires. L'un des sujets observés,

[1] H. Lotze. *Mikrokosmus*. I. 3e éd. p. 229.

mis en présence des fils de Wundt, a suspendu l'adaptation de l'œil afin d'évaluer la distance du second fil au moyen de tâtonnements d'adaptation. Cette méthode lui a réussi. Voilà donc un acte d'attention volontaire qui a pris naissance au cours d'une expérience. Cela arrive assez fréquemment. Par exemple, la personne qui prête l'oreille aux sons différentiels est ordinairement prévenue d'avance de l'existence de ces sons; elle s'en fait préalablement une idée anticipée plus ou moins exacte. Il en est de même dans les observations sur les oscillations rythmées des perceptions. Au fond l'organisateur de l'expérience veut simplement gagner du temps : Il est clair que s'il fallait attendre que ces sons frappent inopinément l'oreille d'une personne non prévenue, l'expérience pourrait se prolonger indéfiniment et manquer son but.

Il faut tenir compte du caractère artificiel de ces expériences, ce qui n'enlève rien à leur force probante. Il va sans dire que dans le cours de l'attention primitive naturelle, l'anticipation de la perception ne joue aucun rôle.

III

LE CHOIX COMME ACTE VOLONTAIRE

Le choix. — Le second caractère distinctif de l'attention volontaire, c'est qu'elle choisit entre plusieurs objets, ou entre plusieurs idées, l'objet ou l'idée qu'elle veut mieux connaître.

Ce choix étant en lui-même un acte de volonté, tout acte d'attention volontaire suppose un acte de volonté antécédent, et il n'est pas douteux que ce choix ne puisse être préparé lui-même par un ou plusieurs choix antérieurs.

Supposons un premier choix, ou, ce qui sera plus conforme aux faits, une première sensation, ou une première aperception. Ce choc fera affluer une foule de notions associées, et c'est dans cette totalité que se fera le choix. Celui-ci ne manquera pas de motiver l'afflux de nouvelles associations, de sorte que le champ où s'exercera la faculté de choisir s'étendra de plus en plus. Les choix successifs peuvent donc très bien aller du particulier au général et réciproquement.

Dans la réalité, il se forme des séries, très nombreuses et très variées, de choix suivis chacun d'un acte d'attention, et chacune de ces séries remontera à une sensation ou à une aperception.

LES CAUSES CENTRALES DANS L'ATTENTION VOLONTAIRE

C'est ici que nous rencontrons pour la première fois des cas nettement caractérisés d'attention dus à une cause centrale, c'est-à-dire à l'excitation voulue du centre nerveux en vue d'une idéation.

Nous avons été jusqu'ici forcés d'écarter l'hypothèse d'une cause centrale, c'est-à-dire de l'intervention dominante du moi, dans le fonctionnement de l'attention primitive : là, la cause centrale ne s'exerce ni sous la forme d'un choix, ni sous quelque autre forme que ce soit. L'adaptation de l'organe sensoriel et le jugement subséquent nous apparaissaient comme des effets résultant d'un choc venu du dehors, c'est-à-dire de causes périphériques.

Prenons le cas typique le plus élevé de l'attention primitive : celui d'un botaniste soumettant un échantillon inconnu à un examen préliminaire. Loin de « choisir » telle particularité de la plante pour objet exclusif de son observation, il s'abstient, au contraire, autant qu'il peut, de fixer son esprit sur tel détail intéressant ; il se laisse aller à une vision impersonnelle de l'objet ; il laisse agir cet objet sur sa vue, de peur de troubler la netteté de l'impression première. Dès qu'il s'attache à expliquer les particularités de la plante, au moyen de comparaisons et de raisonnements, l'attention primitive cède le pas à l'aperception, et celle-ci finira par laisser la place libre à l'attention volontaire qui porte son choix non seulement sur les points qu'elle veut mieux connaître, mais aussi sur les associations de notions dont le concours lui sera nécessaire.

Dans l'attention aperceptive, concertée ou naturelle, nous n'avons pas non plus rencontré de choix proprement dit, mais seulement l'illusion du choix. Le sujet est toujours sollicité par une cause extérieure. Il ne choisit pas nécessairement entre les associations d'idées qui viennent à la rencontre de l'idée nouvelle. Dans les leçons de choses, à l'école, c'est le maître qui choisit le sujet de la leçon, et qui prépare les aperceptions. Mais il faut ajouter que l'illusion d'un choix amène tout doucement le sujet attentif à envisager la possibilité d'un choix, à s'essayer à choisir, et à se décider à des choix proprement dits. Alors les causes centrales entrent en scène, non pas tout d'un coup, mais lentement, après des tâtonnements multiples, et en progressant peu à peu.

Il va de soi que des choix réels sont possibles dès l'enfance ; mais tant qu'ils ne sont pas dictés ou dirigés par des personnes compétentes, ces choix sont rarement raisonnables. Les causes centrales agissent de bonne heure. Toutefois elles ne peuvent s'éveiller avant que l'enfant n'ait subi la première éducation des sens, suivie des premières aperceptions. Le choix ne peut s'exercer que là où il existe des sensations et des idées, ou des groupes de sensations et d'idées parmi lesquelles l'enfant puisse choisir.

L'effort lui-même n'est dû à une cause centrale, c'est-à-dire à l'initiative du moi, que s'il est conditionné et précédé par un choix.

Car enfin, l'effort se rencontre dans tous les domaines de la vie. Le bourgeon qui brise la gangue qui le renferme, la plante qui s'incline du côté de la lumière, l'animal qui cherche sa pâture, l'enfant nouveau-né qui cherche le sein de la nourrice, l'œil qui s'adapte à la vision d'un objet mal éclairé, se livrent à des efforts parfois très puissants ; mais comme il n'y a dans ces phénomènes nulle trace d'un choix, il est clair qu'ils ne sont pas dus à des causes centrales, c'est-à-dire qu'ils ne résultent pas d'une excitation des centres nerveux en vue d'une idéation.

L'effort ne devient un acte volontaire et raisonnable que s'il émane du choix que fera le moi entre plusieurs idées, ou plusieurs fins possibles. Ce n'est pas l'effort, c'est le choix qui émane d'une cause centrale.

LA LIBERTÉ DU CHOIX

Grâce à la faculté de choisir, l'attention volontaire, phénomène intérieur, psychique, s'exerce dans des conditions bien plus favorables que l'activité extérieure, physique.

Dès que nous voulons agir, exécuter un travail quelconque, nous nous heurtons à des obstacles très puissants, quelquefois invincibles, qui nous viennent de la nature, de la société, ou de notre propre faiblesse physique. L'homme ne peut pas tout ce qu'il veut, même si le but qu'il poursuit fait partie des choses possibles ; les forces de la nature nous écrasent, la société nous domine ou nous étouffe, notre propre corps devient parfois pour nous une source de faiblesse.

Mais dans le domaine de l'attention volontaire nous sommes libres. Car l'attention est un phénomène intellectuel, et dans le domaine des idées, la faculté de choisir ne rencontre nul obstacle. Nous pouvons évoquer telle représentation que nous préférons ; nous pouvons faire abstraction d'autres représentations. Nous pouvons passer d'une idée à une autre idée, associer, dissocier, réassocier nos pensées et nos souvenirs. Nous pouvons, en un mot, *choisir* parmi nos idées celles qu'il nous plaît d'adopter pour mobiles de nos résolutions ou pour objet de notre attention.

IV

LE SENTIMENT DE L'EFFORT

Maintenant que nous avons déterminé les deux premiers caractères distinctifs de l'attention volontaire, qui sont l'anticipation du but et le choix, nous pouvons l'examiner comme phénomène psycho-physique.

Tout acte d'attention volontaire est caractérisé par le sentiment de l'effort.

Qu'on ne prenne pas ce terme de sentiment dans un sens émotionnel. On peut l'appeler sensation ou conscience de l'effort. Quelques-uns parlent même de l'idée de l'effort.

En soi, l'effort ne se distingue pas nettement des phénomènes de tension, d'adaptation, de mouvement musculaire, qui caractérisent l'attention primitive. On ne peut dire où la réaction finit, ni où l'effort voulu commence. On peut admettre une obscure sensation, une vague conscience de la tension musculaire de l'œil.

Ici la limite entre l'attention primitive et l'attention volontaire tend à s'effacer.

Voici comment s'explique M. P. Mentz (*Zeitschrift f. Psych. u. Phys.*, XVII, p. 314).

« La sensation et le sentiment de l'effort naissent : 1° lors de l'actionnement extraordinaire des muscles moteurs, lorsqu'on porte ou qu'on soulève un poids, ou lors de l'innervation du bras, par exemple, dans le maniement d'une vrille. Cette sensation naît aussi lors de la fixation réflexe d'objets très rapprochés au moyen du muscle de l'adaptation. Quelquefois elle naît dans les muscles oculaires sous forme de simple perception ordinaire, sans qu'on se propose pour but le mouvement même qu'on fait.

« 2° L'idée de l'effort naît en second lieu lors d'une lutte entre l'idée et son exécution : par exemple, quand la faculté d'innervation est diminuée, quand la coordination réussit mal, etc. Ici l'effort s'affirme par le contraste. C'est l'opinion de Dewey (*The Psychologie of Effort*. Phil. Revue VI, s.). Celui-ci pense que l'idée de l'effort naît exclusivement de cette dernière manière, et il étend cette opinion sur tous les genres d'effort, autant l'activité intellectuelle que la fatigue. »

M. Mentz explique que la confusion qu'on fait ordinairement de l'effort sensoriel avec l'effort musculaire provient uniquement d'une méthode d'observation défectueuse : « Parce que l'on procède par voie déductive, on pose (après coup), en face de l'idée de l'effort, les éléments de l'effort qui sont sensation et sentiment. Par cette distinction on acquiert une idée plus complexe de l'effort. »

LA RÉSISTANCE

L'effort, à tous ses degrés, même comme obscure tension musculaire, implique toujours l'idée ou la sensation d'une résistance à vaincre. Plus la résistance est grande, plus l'effort devient conscient. L'intensité du sentiment de l'effort croît en raison directe de la résistance à vaincre. Voilà pourquoi le sentiment de l'effort est très rare dans l'attention spontanée, ainsi que le remarque M. Ribot (*Psych. de l'att.*, p. 39). Sancte de Sanctis fait observer que, chez les hystériques, comme chez les enfants, l'attention c'est la spontanéité sans effort.

IMPULSION ET ARRÊT

Pour étudier le rôle de l'effort dans l'attention volontaire, il faudrait connaître dans tous ses détails le fonctionnement des nerfs moteurs qui actionnent une tension musculaire, et aussi le mécanisme cérébral qui préside à l'arrêt ou à l'inhibation des mouvements. Car l'effort n'implique pas seulement la faculté de prendre l'initiative d'un mouvement physique, mais aussi celle de l'arrêter.

Malheureusement les fonctions des organes de motilité, et surtout celles des organes d'arrêt, sont encore peu connues. Toutefois, nous emprunterons à l'ouvrage de M. Ribot quelques citations qui peuvent nous mettre sur la voie d'une solution de cet important problème.

BASE PHYSIOLOGIQUE DE L'EFFORT

Il cite d'abord une observation de Brown-Séquard : « L'inhibation est un pouvoir possédé par presque toutes les parties du système nerveux central et une portion du système nerveux périphérique. »

Jusqu'ici la grande majorité des savants soutenait que les phénomènes moteurs et les phénomènes d'arrêt ont pour siège des appareils distincts. Mais plusieurs auteurs, en s'appuyant sur leurs expériences, ont soutenu que « les actions motrices et les actions d'arrêt ont pour siège les mêmes éléments » (Wundt).

M. Ribot cite aussi l'opinion de M. Beaunis : « Toutes les fois qu'on excite un nerf, il se produit dans ce nerf deux sortes de modifications de sens contraire. Soit un nerf moteur : il y aura dans ce nerf une mise en activité qui se traduira par une secousse du muscle ; mais outre ce phénomène, le plus apparent et le mieux étudié, il se produira aussi un état contraire qui tendra à enrayer la secousse ou à l'empêcher de se produire. Il y aura à la fois dans ce nerf des actions motrices et des actions d'arrêt. »

Le processus moteur débute plus vite que le processus d'arrêt et dure moins longtemps. Une première excitation cause une secousse maxima ; mais à la deuxième excitation, l'action directe, tendant à se produire, diminue l'amplitude du mouvement. (Voyez Ribot. *Psych. de l'att.*, p. 69 et s.

M. Ribot ...nd aussi compte d'une expérience de Wundt. Celui-ci conclut ainsi : « Un nerf excité se trouve parcouru à la fois par une onde d'arrêt et par une onde d'excitation, et son excitabilité n'est que la résultante algébrique de ces deux actions contraires. »

M. Ribot lui-même (p. 71) distingue entre « la volition sous sa forme primitive, impulsive, la volition qui produit quelque chose, la première dans l'ordre chronologique, — et la volition sous sa forme négative, qui empêche quelque chose. Celle-ci apparaît plus tard. »

Qu'il y ait deux formes de l'effort jusqu'à un certain point contraires, cela nous semble prouvé. Nous admettons donc l'existence d'un effort *positif* et d'un effort *négatif*. Mais que ce dernier ait pour unique but de détruire l'effort positif, ou du moins de s'y opposer, c'est ce que nous avons de la peine à admettre. Sans doute, la théorie qui ne voit dans ces phénomènes autre chose que deux forces déchaînées l'une contre l'autre, est simple et claire. Wundt la résout même en une formule empruntée à la mécanique. Mais il est permis de se demander à quoi peut servir ce singulier duel. Dans la nature, les choses ne se passent pas ainsi. Sans doute, il peut arriver que des forces différentes s'entrechoquent et se détruisent. Mais qu'une force, un courant, n'ait d'autre but, d'autre fonction que d'arrêter, de détruire une autre force, cela nous semble difficilement admissible.

Est-il bien sûr que le deuxième courant, dit négatif, qu'on a observé dans le fonctionnement des fibres nerveuses, n'ait pour but que d'arrêter ou d'entraver le courant primitif? Ne pourrait-on pas imaginer que le second courant doit plutôt modérer, régulariser le courant principal, empêcher que la force impulsive ne se dépense en pure perte et qu'elle ne s'use inutilement par son impétuosité même?

C'est en nous inspirant de cet ordre d'idées

que nous essaierons de décrire le rôle respectif de l'effort positif et de l'effort négatif dans l'attention volontaire.

Dans notre hypothèse, la faculté d'arrêt appartient à l'effort positif, et n'a rien de commun avec l'effort négatif.

V

CARACTÈRES DE L'EFFORT POSITIF

L'effort positif, innervation volontaire d'un organe, tension mentale pour mieux connaître, se distingue par son énergie initiale. Cette énergie est surexcitée par les obstacles venus du dehors. Je fixe un objet, mais il est mal éclairé, il est trop éloigné, trop grand, trop petit. L'obstacle peut aussi résider en moi-même : je suis myope ou presbyte, je suis indisposé, ou placé dans une attitude incommode. Le sentiment normal de l'effort peut s'exaspérer jusqu'à la souffrance. Il est accompagné de phénomènes physiologiques caractéristiques, auxquels certains savants attribuent une part prépondérante dans le mécanisme de l'attention. M. Ribot, qui va jusqu'à affirmer que ces phénomènes sont les éléments constitutifs de l'attention, les classe ainsi qu'il suit :

1. *Phénomènes vaso-moteurs* : « La circulation sanguine est plus active dans l'organe cérébral pendant qu'il travaille qu'au repos. ...L'attention, en se portant sur un ensemble d'idées, a pour effet d'accélérer la circulation dans la superstructure nerveuse de ces idées. » (Mandsley.)

2. *Phénomènes respiratoires* : Le rythme de la respiration change ; il se ralentit et subit parfois

un arrêt temporaire. Lews dit : « Acquérir le pouvoir d'attention, c'est apprendre à faire alterner les ajustements mentaux avec les mouvements rythmiques de la respiration. » Le soupir, commun à l'attention et à la douleur physique et morale, a pour fin d'oxygéner le sang narcotisé par l'arrêt volontaire de la respiration.

3. *Phénomènes moteurs :* Contractions diverses du muscle frontal, ouverture de la bouche, mouvements du corps, de la tête, du tronc, des membres. Immobilité dans l'adaptation des yeux, des oreilles, etc. (Ribot, *Psych. de l'att.*, p. 20 et s.). Münsterberg attribue un rôle essentiel à la contraction des muscles du cou et de l'occiput.

Beaucoup de savants ne voient dans ces phénomènes que des effets, nécessaires ou accidentels, qui accompagnent l'effort d'attention, mais qui ne le constituent pas. M. Pfaender fait remarquer, comme W. James, que l'observation ne se préoccupe avec tant d'insistance de ces phénomènes physiques, que parce que ceux-ci s'offrent avec plus de facilité à l'observation, et qu'ils troublent ainsi la fidélité du souvenir.

Ces savants penchent vers la théorie du parallélisme, qui rappelle un peu l'harmonie préétablie de Leibnitz. On se borne à constater le fait mental et sa doublure physique, sans trop se préoccuper si le phénomène physique visible qui accompagne le fait mental n'a pas un autre rôle à jouer que celui de doublure.

Bien que les phénomènes physiques mentionnés plus haut ne constituent pas, à notre avis, des éléments essentiels de l'attention volontaire, et que celle-ci puisse fort bien s'en passer, il est certain que ces contractions musculaires accompagnées de troubles dans la respiration et dans la circulation du sang, peuvent parfois servir à *renforcer l'effort*, et par conséquent à maintenir et à augmenter l'énergie de l'attention.

Si ces phénomènes musculaires étaient des éléments constitutifs de l'attention, il faudrait en conclure qu'il suffit que ces contractions se produisent, pour faire naître un état d'attention correspondant. C'est bien là l'opinion de M. Ribot : Prenez, dit-il, l'attitude d'un homme qui va tirer, même si vous ne tenez pas de pistolet en main, votre esprit sera tendu vers le but imaginaire.

On pourrait, cependant, citer une foule de cas où la reproduction exacte des mouvements de l'attention n'a nullement pour effet de rendre un sujet attentif. D'autre part, certaines personnes parviennent au maximum d'intensité de l'attention tout en réprimant avec soin toute marque extérieure d'effort. Un savant dans sa bibliothèque n'a pas même besoin de se surveiller pour cela : c'est dans le calme le plus parfait qu'il poursuit ses travaux. Un policier, un peu exercé, ne laissera paraître, ni dans ses traits, ni dans sa contenance, le moindre signe extérieur d'attention. Le liseur de pensées le plus habile s'y trompera. Tout ce que ces mouvements musculaires peuvent provoquer, si l'on tient à les mettre en scène, c'est une anticipation d'un but au moyen d'associations formées entre certains gestes et les idées correspondantes. Tel est le cas des hypnotisés. Mais ces mouvements artificiels ne contribuent pas directement à éveiller l'attention; ils ne servent qu'à mettre en branle des idées et à favoriser ainsi le mécanisme de l'attention.

En résumé, ces mouvements musculaires ne sont pas l'attention, mais ils accompagnent, ils soutiennent, ils renforcent l'effort positif de l'attention *surtout chez les êtres faibles*. Ceux qui sont doués d'une constitution très vigoureuse n'ont pas besoin de ce secours, et réussissent généralement à supprimer ces mouvements musculaires.

L'EFFORT POSITIF DE L'ATTENTION VOLONTAIRE

En quoi consistera en définitive l'effort positif de l'attention volontaire ?

N'oublions pas que l'attention est avant tout un phénomène intellectuel. Notamment l'attention volontaire a pour but un acte de connaissance. L'effort positif, ou impulsif, tend à mieux connaître l'inconnue X... dont on a une idée vague ou incomplète. Connaître, c'est associer l'inconnue X.. avec des idées et des représentations connues. Dès que l'attention est tournée vers l'inconnue X..., des masses de notions acquises peuvent se précipiter au-devant d'elle, ainsi que nous l'avons vu dans l'étude du mécanisme de l'aperception. Parfois ces masses s'ébranlent en foules désordonnées. Tout cela c'est de l'effort positif. Cette action impulsive peut n'aboutir à rien ; et cela arrive lorsqu'au lieu d'éclairer, d'expliquer la chose à connaître, celle-ci est noyée, obscurcie dans la masse de notions, qui affluent. Alors l'effort positif n'a réussi qu'à troubler le processus intellectuel.

Voici un autre cas qui peut se présenter :

Un premier effort d'attention volontaire n'aboutit à rien, parce qu'il ne surgit pas dans l'esprit, des idées ou des groupes d'idées qui pourraient expliquer l'inconnue. L'acte de connaissance ne se fait pas, parce que l'inconnue reste isolée, ou parce que les masses de notions présentes ne sauraient l'expliquer. Alors le premier effort est suivi d'un ou de plusieurs autres plus considérables, qui ont pour but d'amener des rapprochements nouveaux; l'imagination entre en scène, les sentiments sont appelés à la rescousse, le raisonnement intervient, soit pour ouvrir de nouveaux horizons, soit pour prévenir les illusions.

L'effort positif est donc impulsif, il fait affluer des masses nombreuses de représentations. C'est un torrent impétueux, puissant. Or la force qui déchaîne le flot tumultueux des idées et des sensations saura peut-être l'arrêter. Mais alors même que l'effort positif implique la faculté d'arrêt, il ne s'en suit pas qu'il ait le pouvoir de régulariser ou d'utiliser ce courant impétueux.

Quelle puissance dirigera ce torrent? Quelle force écartera les associations erronées, redressera les jugements superficiels, corrigera les illusions de l'imagination? Qui est-ce qui mettra de l'ordre dans ce désordre?

Ce sera l'effort négatif.

VI

CARACTÈRE RÉGULATEUR DE L'EFFORT NÉGATIF

Par l'effort négatif, nous n'entendons pas la faculté d'arrêter un mouvement, mais celle de le régulariser sous le contrôle d'un jugement critique.

Arrêter ou supprimer un mouvement exige

un effort qui ne se distingue p... qualitativement de celui qui produit ce mouvement. Sans doute les effets sont ou paraissent être différents, mais l'effort est de même nature, que je lance une balle ou que je l'arrête, que je prenne la parole ou que je m'arrête de parler. Dans les deux cas, il s'agit d'un effort positif.

Dans le fonctionnement de l'attention volontaire il ne saurait y avoir de faculté inhibitoire, ou d'arrêt, dans le sens absolu du mot. L'immobilité, d'ailleurs relative, de l'œil arrêté sur un objet, même si elle est appuyée par les contractions du corps, par l'arrêt de la respiration et d'autres phénomènes semblables, n'est qu'un retardement des fonctions du corps, compensé par l'accélération de l'activité mentale. Mais cette accélération même, cette vivacité croissante des facultés mentales, n'est que l'autre face de l'effort positif : c'en est même l'élément principal, puisque les phénomènes musculaires n'en sont que des éléments secondaires.

Au fond l'effort positif consiste à user de la faculté d'arrêt pour tourner l'attention vers un but : un objet à observer, une inconnue à expliquer. L'emploi de la faculté inhibitoire ne peut avoir d'autre résultat que de laisser libre cours aux associations trompeuses et embrouillées, aux sentiments impulsifs, aux jugements dictés par l'imagination surexcitée.

Pour réagir contre cet état, il faudra un effort que nous appelons *négatif*, parce qu'il a pour but de supprimer tout ce qui gêne l'attention volontaire. L'effort négatif n'a pas le caractère violent, impétueux, mais aventureux de l'effort positif ; il sera plus faible, mais aussi plus constant, et surtout plus durable. Il consiste, dans ce cas particulier, à écarter les associations défectueuses, à régler les écarts de l'imagination, à modérer les sentiments, à redresser les jugements prématurés.

C'est un effort secondaire qui ne suit pas nécessairement une direction opposée à celle de l'effort primaire. C'est plutôt une action parallèle. A certains égards, c'est un frein, mais un frein intelligent, un conseiller, un critique. S'il y a lutte, ce n'est pas la lutte entre deux adversaires dont l'un doit disparaître, mais un conflit presqu'amical entre deux forces, dont l'une s'élance en avant, au hasard, tandis que l'autre essaie de régler la marche de la première ; mais loin de l'empêcher d'atteindre son but, elle contribue puissamment à ce résultat.

Nous ne pouvons étudier ici l'effort négatif ou critique que comme phénomène intellectuel. C'est ainsi qu'il nous apparaît dans le cours de l'attention volontaire. Sans doute, il doit, lui aussi, avoir une base physiologique. Mais ici la science nous laisse en défaut. Quelle est la puissance modératrice qui mesure exactement la quantité de sang qui doit affluer vers le cerveau à un moment donné? S'il ne s'agissait que de l'empêcher de s'y précipiter en masse, la faculté inhibitoire, quelqu'obscure que semble son rôle en cette occurrence, expliquerait les choses. Mais quand cette force doit au contraire remédier à l'insuffisance de la poussée du sang, ou du moins régulariser cette dernière, la faculté d'arrêt n'explique plus rien. Il doit donc exister dans le domaine physiologique, quelque ordre de phénomènes qui soit le pendant de l'effort négatif de l'attention, faible, constant et durable.

Essayons de nous rendre compte de la nature

et du fonctionnement de l'effort négatif au moyen de quelques analogies :

Un chien tenu en laisse est lâché ; il s'élance à la poursuite d'un sanglier. Qu'il tire sur sa chaîne, qu'il coure, qu'il s'arrête devant la bête, qu'il se précipite sur elle : tout cela c'est de l'effort positif. Mais à côté de cela il se passe d'autres phénomènes parallèles et constants ; le chien, tout en courant, évitera de se heurter aux arbres, aux pierres, aux obstacles, de tomber dans les trous. Il modifiera sa direction en la réglant sur les allées et venues du gibier. Ce sont là des efforts secondaires, négatifs, qui passent inaperçus, mais qui sont absolument nécessaires pour le succès final de l'attaque.

Un train s'élance à toute vapeur ; il s'arrête, il repart, plusieurs fois de suite. Tout cela c'est l'image de l'effort positif, il y a même une lutte contre la résistance de l'air et le frottement. Pendant ce temps, il se fait le long de la ligne un effort parallèle, moins apparent, mais très efficace et constant ; un nombreux personnel veille sur la voie pour l'entretenir en bon état, pour établir des signaux, dont l'objet est tantôt de ralentir, tantôt d'accélérer la vitesse du train. Ceci représente l'effort négatif. Les deux efforts sont en dernière analyse dépendants d'une seule volonté : celle du chef de la traction qui lance le train et qui règle sa marche.

Il faut nous contenter de ces observations très sommaires. Peut-être les indications des physiologistes aboutiraient-elles à de meilleurs résultats, si, au lieu de s'obstiner à ne voir dans le double courant nerveux que des forces contraires, ils le considéraient plutôt comme parallèle.

On peut se représenter l'effort comme un coefficient variable d'un mouvement donné. Ce coefficient peut être positif ou négatif; or les quantités négatives, comme les autres, peuvent contribuer à une fin qui, sans être une résultante, constituera un résultat sérieux.

CHAPITRE II

LE FONCTIONNEMENT DE L'ATTENTION VOLONTAIRE

I

MARCHE RÉGRESSIVE ET PROGRESSIVE DE L'ATTENTION VOLONTAIRE

L'attention volontaire suit une marche différente, selon qu'elle choisit pour but de connaissance soit un objet qui appartient au passé, soit un objet présent, ou une chose à venir.

Quand elle veut connaître ou reconnaître une chose passée, l'attention suit une marche *régressive :* elle part du moment présent pour remonter à la chose passée dont l'idée préexiste dans la mémoire.

L'attention suit une marche *progressive* lorsqu'elle est amenée à prendre son point de départ dans le passé pour expliquer le présent ou pour pressentir l'avenir.

L'esprit est puissamment aidé en cela par les formes intuitives de temps et d'espace qui lui sont propres.

L'ATTENTION VOLONTAIRE ET LA MÉMOIRE

Exposons d'abord le fonctionnement de l'attention, lorsqu'elle veut rappeler le souvenir d'un fait momentanément oublié, soit simplement pour le reconnaître, soit pour le mieux connaître, pour le comprendre et pour l'expliquer, et qu'elle fait des efforts pour cela.

On sait que la simple reconnaissance d'un souvenir se fait au moyen d'un mécanisme mental appelé la *localisation dans le temps*, dont on peut trouver la description dans tous les bons traités de psychologie. (Voyez : Ribot, *Les maladies de la mémoire*.) On commence par déterminer la place exacte du fait à reconnaître, dans l'ordre des notions acquises, au moyen des catégories du temps et de l'espace.

Dans la pratique, la localisation dans le temps se fait par le procédé suivant : on choisit dans le passé un ou plusieurs faits retentissants, une ou plusieurs représentations bien connues, des souvenirs très précis, qui serviront de points de repère. Ensuite on détermine la place exacte de la notion à reproduire, par rapport à ces points lumineux. Après quelques tâtonnements, la localisation est faite. Alors les notions connexes affluent, des associations se forment ou se rétablissent entre l'inconnue qu'on veut reconnaître, et les masses de notions connues. De cette manière on aboutit à une connaissance aussi exacte, aussi complète que possible, de l'objet, ce qui était le but de l'effort de l'attention volontaire.

ATTENTION VOLONTAIRE ET APERCEPTION

Dans le cours d'une reconnaissance, l'attention est puissamment aidée par l'aperception : l'idée qu'on veut reproduire apparaît comme un objet nouveau qui met en branle une foule d'idées acquises, sans l'intervention de la volonté. La reconnaissance peut donc se faire automatiquement, et l'attention volontaire n'intervient alors que par le choix de l'objet et l'anticipation du but.

Mais il peut aussi arriver que l'idée qu'on veut reproduire et mieux connaître n'éveille pas d'associations connexes. D'autres fois elle en suscite trop.

Supposons ce dernier cas : je me propose de considérer Cicéron comme orateur : aussitôt mon esprit est envahi par une foule d'associations secondaires qui ne peuvent que troubler la vision du but ; personnages contemporains, incidents tragiques, guerres civiles, histoires scandaleuses du temps ; tout cela s'unira pour me distraire et pour m'éloigner de mon sujet. Je m'égarerai si bien dans les méandres de la politique, de l'histoire, de la philosophie, que l'image de l'orateur s'effacera. Ici intervient l'effort négatif ou critique : j'écarte les éléments inutiles ; je veux considérer l'orateur, et rien que lui.

Alors, survient un nouvel effort positif et impulsif, et de nouvelles masses désordonnées de notions affluent : les discours de Cicéron sont nombreux et variés ; il faut considérer le milieu, la langue, le style ; il faudra comparer Cicéron à d'autres orateurs. Me voilà entraîné par de nouvelles associations, dont je ne suis pas toujours le maître. Un deuxième ordre d'efforts négatifs sera donc nécessaire pour classer les faits, pour régler, éliminer, critiquer.

Supposons maintenant un cas différent ; l'objet à connaître ne se prête pas à des associations riches et nombreuses. Alors l'effort de l'attention volontaire deviendra plus pénible, puisqu'il ne sera plus guère favorisé par le mécanisme de l'aperception. Il faudra des efforts considérables, des observations, des lectures, des études longues et difficiles pour créer de toutes pièces des associations connexes nouvelles, grâce auxquelles l'acte de connaissance désiré pourra s'achever.

LA REPRODUCTION N'EST PAS UNE COPIE

Même si l'effort d'attention volontaire pour reproduire et connaître un fait passé est couronné de succès, la reproduction ne sera jamais l'exacte copie de la chose ou de l'idée originale. S'il s'agit de reproduire une sensation, il est évident que l'idée de cette sensation ne peut égaler celle-ci en intensité. La représentation d'un son ou d'une couleur ne saurait remplacer l'impression primitive. Mais la copie peut quelquefois dépasser le modèle sous le rapport de la clarté et même de la vivacité de l'impression. Elle peut même faire naître l'illusion d'un accroissement d'intensité. Un fait, insignifiant en apparence, arrive. Plusieurs années se passent. Alors on a vu se dérouler les conséquences tragiques de cet incident. Combien grande apparaîtra par la suite l'importance des moindres détails de ce fait, détails qui, sur le moment, passaient presque inaperçus !

L'ATTENTION ET LES ASSOCIATIONS D'IDÉES MOBILES

A côté des associations stables, fixées par la répétition, par l'habitude, par la routine, il y a des associations mobiles, dynamiques, temporaires, qui se font et se défont sans cesse. C'est d'elles que l'attention volontaire a surtout besoin pour reconnaître et pour comprendre les choses du passé. L'imagination, c'est-à-dire la faculté de grouper à volonté les idées, est un élément essentiel de l'attention volontaire. Nous ne saurions mieux faire que de donner la parole à Lotze (*Mikrokosmus*, I, p. 260) :

« L'image de la chose n'apparaît pas à un esprit comme en un miroir. Car l'esprit choisit des impressions partielles, les réunit en totalité, qu'il isole de leur entourage ; il établit des subdivisions de l'image originale qui n'existent pas en réalité, mais qui procèdent de l'idée qu'elles sont inégalement connexes ; il lie parfois des impressions distantes, de préférence aux impressions rapprochées. Sans doute, le mécanisme naturel de nos associations ébauche et prépare cette nouvelle ordonnance du sens et de la signification des impressions, mais il ne l'achève pas. Il apporte des matériaux, par la liaison de l'expérience, mais l'unité n'est produite que par la pensée. »

Voici un autre passage du même auteur (*Mikrokosmus*, I, p. 229) sur l'intensité relative des reproductions :

« Les représentations complexes se dissocient dans l'oubli. La mémoire se souvient de certaines particularités, mais elle ne réussit pas toujours à combler certaines lacunes. Il est vrai qu'une reproduction d'idée peut parfois donner lieu à une représentation plus claire que l'impression primitive, mais c'est à la condition qu'il s'y ajoute d'autres notions qui enrichissent la représentation originale. Un triangle est un triangle ; mais à mesure que nous avançons dans l'étude de la géométrie, cette idée devient plus claire, parce que nous nous rendons compte des rapports nombreux et importants, propres à cette figure. Cette intensité de la représentation lui vient, non pas d'elle-même, mais de ses rapports connexes, etc. »

II

L'ATTENTION ET L'OBSERVATION

L'observation attentive et voulue d'un objet présent nécessite une marche opposée à celle que suit la reproduction d'un souvenir. L'attention part d'un souvenir ou d'un groupe d'idées acquises, pour aboutir à l'objet qu'elle désire connaître.

L'ANTICIPATION DE L'IDÉE D'UN OBJET PRÉSENT

Il semble que la présence de l'objet lui-même rende superflue l'anticipation de l'idée de cet objet, qui est le propre de l'attention volontaire. Ce serait une erreur. Lorsque le botaniste, après un premier examen, veut étudier une plante qu'il a devant ses yeux, il commence par se faire une idée plus ou moins exacte de cette plante, et c'est cette idée qu'il cherche à rectifier et à compléter. Si j'examine une peinture, je me fais d'abord une représentation générale de la toile ; c'est cette image que je complète à mesure que je distingue la pensée ou le sentiment de l'artiste, que j'apprécie l'habile emploi des couleurs, la distribution de la lumière, la disposition des groupes, l'expression des figures

Le même procédé de l'anticipation du but intervient toujours, que je me décide à lire un livre, ou à assister à une représentation théâtrale.

Un ébéniste est attentif à son travail. Il a donc devant son esprit l'image anticipée du meuble qu'il veut exécuter et de ses différentes parties ; il prendra pour l'exécuter les dispositions les plus ingénieuses, choisira les meilleurs matériaux, etc. Ce cas nous fera le mieux comprendre ce que nous entendons par la marche progressive de l'attention.

L'ébéniste se souviendra des leçons qu'il a reçues, des expériences qu'il aura faites, des modèles qu'il aura vus ; toutes choses qui appartiennent au passé. Ces notions acquises, nombreuses et bien ordonnées, formeront avec l'image anticipée du meuble qu'il veut fabriquer des associations très mobiles et très actives. Un ouvrier qui ne possède pas de notions préliminaires résultant de l'instruction et de l'expérience, sera très embarrassé pour concevoir l'idée d'un but, et encore plus pour l'exécuter.

OBSERVATION ET SOUVENIR

Pour connaître un objet présent, pour l'observer attentivement, il faut disposer de séries et de totalités d'idées de même espèce et très complètes. Les leçons de l'école, l'expérience de la vie, les exemples des autres, les enseignements de l'histoire, toutes ces choses du passé, tous ces souvenirs, contribuent à faciliter les travaux de l'astronome, les essais de l'agriculteur, les manœuvres de l'officier, les observations du navigateur.

L'ignorant ne sait ni voir, ni écouter, ni s'expliquer les faits dont il est témoin. C'est le passé qui fait comprendre le présent. Les morts renaissent dans les vivants.

« Ce n'est que par la culture de l'esprit que l'attention acquiert de la force et qu'elle parvient à l'accomplissement. Le botaniste remarque dans une plante beaucoup plus de choses qu'un homme ignorant en botanique. Un homme très intelligent et très cultivé se rend tout de suite compte de qu'il voit. » (Hegel, *Encyclopaedie*, Sæmmtl. W. VII, 2).

De là vient l'importance de l'étude de l'histoire pour la culture et pour le progrès du genre humain. Le sauvage n'a pas d'histoire, aussi ses jours s'écoulent-ils dans une morne apathie. Mais du moment où un de ses compagnons chante les hauts faits d'un héros ou les malheurs dela tribu, une lumière se lève dans cette âme obscure. Les souvenirs du passé lui font chercher le sens profond des choses du présent, et concevoir des projets pour l'avenir.

LA MARCHE DE L'ATTENTION AU MOYEN DES CATÉGORIES DE RELATION

Pour connaître le présent, l'attention est obligée de remonter d'abord au passé, au moyen de la reproduction des idées et des souvenirs. Après cela, elle refait le chemin dans un sens opposé ; c'est ce que nous appelons la marche progressive. Mais il s'en faut de beaucoup que celle-ci ressemble à la marche régressive. Il y a un changement complet dans la liaison des faits ou des idées, selon qu'on remonte en arrière ou qu'on marche en avant.

C'est que, dans la marche progressive, l'esprit apporte de nouvelles idées-formes qui lui sont propres, et parmi elles, nous distinguons surtout les catégories de relation : antécédence, conséquence, simultanéité, causalité, finalité, nécessité, possibilité.

Lors de la marche régressive de l'attention, les catégories de temps et d'espace suffisaient. Maintenant l'esprit veut connaître les relations profondes des choses et surtout leurs causes et leurs effets. On ne peut bien connaître une chose que si on en connaît les causes. Mais pour les connaître il faut partir d'une cause aussi éloignée dans le temps que possible. Une fois l'impulsion donnée, la marche progressive de l'attention ne s'arrête plus au présent, elle anticipe hardiment l'avenir.

LES RÈGLES DE L'OBSERVATION

Pour observer un objet présent, il faut avant tout faire l'éducation de l'attention primitive, posséder des organes de perception bien constitués et très bien exercés.

Il faut, en second lieu, que le sujet attentif s'affranchisse le plus possible des émotions violentes qui ne peuvent qu'entraver la sérénité de l'observation et nuire à l'impartialité du jugement.

Il faudrait s'affranchir aussi des mouvements et des contractions musculaires, car ces adjuvants de l'attention, très utiles aux êtres faibles, deviennent souvent une source d'embarras chez ceux qui sont doués d'une constitution énergique.

Néanmoins, comme il n'est guère possible de les supprimer entièrement, il suffira de les modérer et surtout de les régulariser, afin qu'ils entravent le moins possible le fonctionnement de l'attention volontaire et surtout la marche de l'observation.

Lorsque l'attention volontaire est soutenue par des associations d'idées parfaitement appropriées au but, elle s'exerce presque à coup sûr.

Mais cette éventualité est rare : il faut choisir parmi les idées acquises et les associations qui se présentent, celles qui peuvent le mieux éclairer le présent. De là, des flottements, des doutes, des tâtonnements. Qu'arrivera-t-il lorsqu'il faudra préalablement acquérir des idées nouvelles, créer de toutes pièces des associations improvisées?

Ici on ne dispose guère de points de repère comme pour la localisation des souvenirs. Il faut du jugement, du goût, de la hardiesse, de l'imagination, pour reconstituer la chaîne des causes et des effets, et surtout pour trouver parmi les notions acquises, la notion, peut-être unique, qui peut expliquer le présent. Il faut, en un mot, savoir établir des synthèses fécondes, lumineuses, convaincantes.

Le savant devrait être doublé d'un poète, ou du moins pourvu d'une imagination [1] très souple, et en même temps d'une patience à toute épreuve. Un esprit médiocre peut exceller dans l'analyse. C'est dans la synthèse que triomphe le génie, car c'est par la synthèse qu'il s'élève aux plus hautes cimes de la pensée.

L'ATTENTION DIRIGÉE VERS L'AVENIR

Lorsque, grâce aux catégories de causalité, de finalité, de nécessité et de possibilité, l'attention se tourne vers une chose à venir, le procédé de la localisation dans le temps reparaît sous une forme un peu modifiée. Je puis anticiper dans le

[1] Rich. Rothe. *Theolog. Ethik*, II, p. 113 : « Tout acte de connaissance est immédiatement accompagné d'un acte d'imagination où son produit se réfléchit. » — p. 115. « La faculté imaginative doit marcher de pair avec la faculté d'évaluer la valeur des objets imaginés. »

temps un fait futur, au moyen de points de repère. Je puis, par exemple, promettre de payer une dette, quand je serai en possession d'une somme qui me reviendra à une date fixe. Un cultivateur se propose d'ensemencer son champ, après qu'une autre occupation sera terminée.

L'attention vers l'avenir nous fournit les exemples les plus remarquables du rôle de l'anticipation du but. L'artiste voit en esprit le chef-d'œuvre qu'il veut créer, et cette vision l'inspire, le préserve des défaillances, du découragement. Ici interviennent les catégories de nécessité et de possibilité. Sans doute il est insensé de rêver l'impossible. Mais il appartient au génie de reculer les limites du possible, de concevoir des projets à la fois hardis et réalisables, et de les réaliser à force d'y penser toujours. « Les découvertes et les inventions vont de pair. » « Toutes les vraies inventions ne sont que des découvertes; l'invention n'est que la mise en pratique de la connaissance. » (Rich., Rothe *Theol. Ethik.*, II, p. 113)

L'ATTENTION ET LE GÉNIE

Sur la relation entre le génie et l'attention, W. James (O. C. I. 427) fait une remarque fort juste. Après avoir cité une parole d'Helvétius qui dit que le génie n'est que de l'attention soutenue, W. James fait remarquer que cette sentence ne laisse pas sa part au génie, c'est-à-dire à l'initiative qui est le propre des hommes supérieurs. C'est leur génie, dit-il, qui les rend attentifs, et non pas l'attention qui leur donne du génie. Le génie est la cause de l'attention soutenue, mais l'attention n'est pas la cause du génie.

III

ATTENTION DIRECTE ET INDIRECTE

Le philosophe Herbart et son école distinguent entre *l'attention directe* et *l'attention indirecte.*

La première se concentre sur un objet en raison de l'intérêt que cet objet inspire, en lui-même.

L'attention indirecte étudie un objet, non pas pour lui-même, mais pour un motif étranger à cet objet. La connaissance de cet objet n'est qu'un moyen pour atteindre un but tout différent.

Nous nous trouvons donc en présence d'un cas d'attention volontaire où l'exposant de volition serait doublé.

Tant qu'on se renferme dans l'étude des sciences, il est utile, et même nécessaire de recourir à l'attention indirecte. De nombreuses branches d'enseignement, qui n'offrent en elles-mêmes qu'un intérêt très médiocre, qui sont en soi parfaitement ennuyeuses, s'imposent uniquement parce qu'elles rendent possible l'étude d'autres disciplines intéressantes et utiles. L'enseignement de la lecture et celui de l'écriture aux petits enfants sont de ce nombre. La grammaire n'est qu'un moyen pour apprendre à écrire et à parler correctement. En elle-même, elle ne peut intéresser qu'un très petit nombre de philologues. Le physicien, l'astronome, l'ingénieur étudient les mathématiques, non pour elles-mêmes, mais pour d'autres fins.

On a abusé étrangement dans les écoles de l'attention indirecte. Mais il est impossible de s'en passer, et ceux qui sont doués d'une grande énergie, remportent là leurs plus beaux triomphes.

Hors du domaine de l'étude des sciences, l'attention indirecte n'est guère à recommander, car elle peut parfois fausser la sincérité et le sens moral chez ceux qui l'emploient. Un élève qui n'étudie une science qu'il abhorre, que pour obtenir un diplôme ou pour gagner un prix ; un historien qui ne compulse les documents que pour servir un parti politique ; un savant dévoré d'ambition ou plein de vanité, qui exploite la science, comme on exploiterait une ferme, tous ces hommes font de la faculté d'attention un mauvais usage.

On doit, et on peut toujours s'intéresser directement à ce qu'on étudie avec soin [1].

IV

LES DISTRACTIONS DE L'ATTENTION

On admet généralement que, normalement, l'attention se concentre sur un seul objet ou sur un groupe d'objets, à l'exclusion des autres. M. Ribot fait du « monoïdéisme » un caractère essentiel du phénomène psychique de l'attention.

Il ne faudrait pourtant pas pousser les choses

[1] M. W. James (o. c. I. 416 distingue entre l'attention immédiate et l'attention dérivée. Elle est immédiate, quand le stimulant est intéressant en soi, sans relation avec n'importe quoi ; dérivée quand le stimulant n'intéresse que grâce à l'association avec quelque autre objet d'intérêt immédiat. Selon lui, l'attention volontaire est toujours dérivée. — Nous savons que cette manière de voir n'est pas exacte. Les associations d'idées interviennent dans une foule de phénomènes d'attention spontanée. Seule, l'attention primitive est immédiate dans le sens où l'entend W. James.

à l'extrême. Le monoïdéisme absolu est, tout simplement, un cas de folie. Il ne peut donc s'agir, en l'occurrence, que d'un monoïdéisme relatif ou approximatif.

D'autre part, les psychologues se sont souvent préoccupés de déterminer jusqu'à quel point il est possible de diriger volontairement l'attention sur plusieurs objets à la fois. Ce sont surtout les savants anglais et américains qui ont fait des expériences sur les « détournements de l'attention ». Tel expérimentateur astreignait un certain nombre de personnes à diverses occupations simultanées, intéressant à la fois la réflexion et tel organe sensoriel. Il ne semble pas que ces expériences aient mené jusqu'ici à des résultats bien surprenants : l'intensité de l'attention décroît en proportion de sa dispersion.

Nous ne nous serions pas attardé à cette question si nous n'avions trouvé dans le travail de M. Sancte de Sanctis, cité plus haut (*Zeitschr. f. Psych. u. Phys.*, XVII, 205 ss) des affirmations basées sur des observations de clinique et de laboratoire, qu'il est impossible de passer sous silence.

L'ATTENTION DISTRIBUTIVE

Il commence par distinguer entre l'*attention fixée* (sur un seul objet) et l'*attention partagée* ou *distributive*, qui se dirige sur plusieurs objets *sans rien perdre de son énergie*.

Voici sa conclusion (p. 211) :

« La faculté distributive forme le degré supérieur du développement de l'attention *en tant que cette faculté conserve un haut exposant de volition*, et qu'elle cherche, pour chaque objet, une connaissance appropriée. »

Il résulte de ses observations de clinique que chez certains malades et chez les vieillards, la faculté distributive de l'attention est troublée avant la faculté de fixation. Chez les enfants et chez les idiots, elle se développe après celle-ci. On pourrait se demander s'il faut un plus grand effort de volonté pour l'attention fixée ou pour l'attention distributive. M. de Sanctis s'abstient prudemment de répondre à cette question ; mais il conclut ainsi : « Même si les difficultés qu'offre le fonctionnement de l'attention distributive étaient dues au fait qu'elle exige plus de volonté, il faudrait néanmoins affirmer que plus la faculté distributive est développée, plus la faculté d'attention atteint un degré supérieur. »

En y réfléchissant bien, on est forcé de convenir que l'attention distributive joue, dans la vie pratique, un rôle plus considérable qu'on ne le croit généralement, et qu'elle représente bien, à certains égards, une forme supérieure de l'attention.

Pour que l'attention puisse se partager entre plusieurs objets sans rien perdre de son énergie, il faut que l'individu attentif se trouve dans un état d'excitation extraordinaire, tel qu'il s'en produit fréquemment dans la vie ; or, il est difficile de créer cet état d'excitation au cours d'une expérience de laboratoire. De plus, l'attention distributive suppose une certaine exaltation de l'énergie de la volonté. Or, cette énergie échappe par sa nature même à l'observation et surtout à toute mensuration.

C'est donc dans la vie pratique que nous rencontrerons les exemples les plus typiques de l'attention distributive. Par exemple, il faudrait étudier, à cet effet, la psychologie de l'homme qui se trouve en danger de mort. L'officier sur le champ de bataille, le marin qui voit sombrer son bateau, l'alpiniste qui est entre la vie et la mort, entendent, voient et sentent en une seconde, plus de choses qu'on ne peut, dans la vie ordinaire, observer durant des heures et des jours. Ils les perçoivent même très bien, et ils les sentent très vivement.

Prenons d'autres exemples qui se prêtent mieux à l'analyse :

L'opéra, forme dramatique hybride, excite au plus haut point l'attention distributive : les yeux du spectateur sont occupés par de brillants spectacles, décors, costumes, évolutions, danses, etc.; l'oreille, si elle est exercée, est absorbée par la partie concertante qui comprend soli, chœurs, orchestre. Ce dernier comprend une grande variété d'instruments, et l'on sait qu'un bon musicien distingue fort bien les diverses parties qui composent l'orchestre. Or, il y a nombre de personnes qui peuvent suivre attentivement la représentation d'un opéra sans en perdre un seul détail. Seulement, il est indispensable, pour cela, qu'elles éprouvent un haut degré d'excitation. C'est ce qui fait l'intérêt et aussi le danger de ces représentations.

Un homme du monde, un diplomate, un policier, entre dans un salon, parle, plaisante, discute, est plein « d'attentions» pour les dames. Si quelque intérêt puissant, d'ordre mondain, politique, judiciaire, financier, est en jeu, l'esprit de cet homme travaille et se préoccupe de tout autre chose que de plaisanter : il observe, il écoute, il suit son idée. Ce jeu l'excite, il décuple son énergie, loin de l'affaiblir ou de le distraire. Le milieu où il se trouve, la variété d'objets qui le sollicitent, la nécessité d'observer beaucoup de choses et beaucoup d'hommes, tout cela exalte sa faculté d'attention.

Kant, faisant son cours, est habitué à fixer la place de l'habit d'un de ses auditeurs où manque un bouton. Le jour où le bouton est recousu, Kant perd le fil de ses idées. Son attention se partage donc entre le point fixé et le sujet de sa conférence, sans rien perdre de son énergie.

Voilà des cas bien caractérisés d'attention, non pas distraite ni affaiblie, mais maintenue, et même renforcée par le dédoublement ou par la multiplication du but.

Quelquefois, les divers stimulants de l'attention agissent l'un sur l'autre pour s'exciter mutuellement. A l'opéra, les sonorités de l'orchestre font mieux ressortir le chant des acteurs ; et, tandis que l'œil et l'oreille sont attentifs, l'imagination travaille de son côté, de sorte que l'attention agrandie se porte sur tous ces objets à la fois.

Le diplomate, dans un salon, joue lui-même un double rôle, et chacun de ces rôles exige une dose extraordinaire d'attention ; à une condition, pourtant, c'est qu'il s'agisse d'intérêts publics ou privés très importants, ou qui lui semblent tels. Alors, seulement, ce dédoublement de l'effort l'excite, et il mettra dans son jeu plus d'entrain, plus d'énergie, plus d'attention.

C'est qu'on ne trouve que dans la vie réelle la condition essentielle de l'attention distributive, qui manque forcément dans les expériences artificielles : un état d'excitation, physique et morale, assez vif pour renforcer l'exposant de volition de l'attention.

Le cas de Kant est un peu différent : là, aussi, il y a deux efforts parallèles, correspondant à deux fins, plus disparates que dans les cas précédents. Mais ici, un des efforts sert de support à l'autre; il lui sert aussi d'entraîneur et l'action totale se trouve en définitive renforcée.

Deux genres d'attention accouplés peuvent coexister par voie d'oscillation. L'esprit se tourne tantôt dans un sens, tantôt du côté de l'autre impression ou de l'autre fin. Mais ces oscillations sont parfois si rapides, qu'il semble que les deux stimulants ou les deux fins marchent de front. Alors même qu'une des fins l'emporte infiniment sur l'autre en valeur, les deux efforts d'attention correspondants peuvent être équivalents comme phénomènes psychiques. Si l'on ne considère que le mécanisme psychique, il n'y a guère de différence entre l'attention qui fixe un bouton, et celle qui poursuit l'exposé de quelque problème sublime de métaphysique.

Nous croyons que l'observation méthodique de ce genre d'attention distributive mènerait à des résultats plus utiles et plus instructifs, que les expériences artificielles sur de simples distractions de l'attention qui ne peuvent qu'aboutir à constater son affaiblissement.

CONCLUSION

UNITÉ DES PHÉNOMÈNES D'ATTENTION

Au cours de ce travail nous avons étudié trois formes de l'attention, qui diffèrent assez entre elles, pour qu'il y ait lieu de se demander si nous ne nous trouvons pas en présence de phénomènes psychiques trop dissemblables entre eux pour constituer une fonction unique.

Il y a en effet une différence profonde entre le mécanisme presque tout physique et instinctif de l'attention primitive, et l'effort d'une volonté consciente de son but, armée de raison, douée de fantaisie, qui veut connaître le sens profond des choses, et qui se meut dans l'abstraction et dans l'idée pure. C'est la même différence que celle entre les causes périphériques de l'attention et les causes centrales.

Quant à l'aperception, elle se place sans doute sur la limite entre les deux formes précédemment mentionnées de l'attention, mais elle s'exerce dans une province bien distincte des faits de conscience, dans la mémoire rétentive qui occupe jusque dans l'appareil cérébral une place distincte.

Cependant le langage usuel ne s'y trompe pas : tout cela c'est de l'attention... Et cela est vrai. Il existe un lien réel et intime entre toutes les formes de l'attention, parce qu'elles contiennent toutes une parcelle, si petite qu'elle soit, d'effort ou de volition, et parce qu'elles aboutissent toutes à des jugements et à des actes de connaissance.

D'autre part, il serait dangereux d'étendre le domaine de l'attention au delà des limites que l'usage a fixées.

L'attention ne saurait être réduite à un simple état de conscience : il y a des états de conscience, affectifs ou intellectuels, où l'attention n'est pour rien. Celle-ci est un cas particulier de l'état de conscience. Mais elle n'est pas même toujours cela, car elle comprend des états psychiques où la conscience du moi ne joue presque aucun rôle, par exemple l'adaptation des sens ou la cérébration inconsciente. L'attention n'est donc pas toujours un « état de conscience supérieur ». Mais elle est toujours un état de tension nerveuse qui va de la simple innervation jusqu'à l'effort, et de l'effort jusqu'à la volonté en pleine possession d'elle-même.

La conscience, la raison, le raisonnement, le sentiment même sont, par essence, *universels*, en ce sens que, parmi beaucoup d'hommes jouissant de la même culture, il ne peut y avoir de grandes différences entre la manière de penser, de raisonner, de calculer, de sentir.

Mais l'attention est un fait *individuel*, car tout individu, même à l'état inconscient, a une manière particulière d'être attentif.

Expliquons-nous sur ce point.

L'INDIVIDUALITÉ

Nous distinguons entre la *personnalité* et *l'individualité*.

L'individualité c'est un organisme physique

et psychique, en tant qu'il est distinct de tous les autres organismes du même ordre. Toute individualité humaine possède, à côté de traits qui lui sont communs avec les autres, des traits uniques, particuliers, qui lui sont propres depuis le jour de sa naissance jusqu'à sa mort. L'individualité, c'est donc l'homme en tant qu'il diffère de tous les autres hommes.

Tout être organisé, et même tout objet inanimé possède une physionomie ou une forme différant de quelque manière de tous les autres êtres ou objets de même espèce. Une goutte d'eau n'est jamais identique à une autre goutte d'eau. Une feuille de chêne n'est jamais la copie exacte d'une autre feuille de chêne. Des oiseaux issus de la même nichée ont entre eux autant de points de dissemblance que de ressemblance.

Chaque homme possède de naissance certains caractères physiques généraux, qui lui sont communs avec sa race, sa nation ou sa tribu, avec sa famille ou ses ascendants. Mais outre ces traits généraux, il en possède d'autres qui lui sont propres. Plus les organismes sont complexes, plus ces traits originaux se différencient d'individu à individu. La ressemblance entre deux jumeaux ou deux sosies ne résiste jamais à un examen attentif. Les criminalistes le savent bien, puisque c'est là-dessus que la police a basé tout un système de reconnaissance des malfaiteurs.

Les traits de la physionomie et les particularités extérieures du corps ne sont pas seules à comporter des différences individuelles. Si l'on pouvait examiner la disposition et le fonctionnement des organes intérieurs, cœur, foie, estomac, poumon, etc. ; si l'on connaissait exactement l'œil, l'ouïe, l'odorat de chacun ; si l'on ajoutait à cela des informations minutieuses sur ses états maladifs, sur ses infirmités et ses difformités, on accumulerait sur le compte de chaque individu un ensemble de renseignements qui dépasserait de beaucoup, en abondance et en précision, les signalements les plus complets de la police.

Tous ces traits distinctifs, ajoutés aux traits généraux, forment ce que Herbart et son école appellent l'*Individualité*.

Ce n'est pas tout.

L'ÉNERGIE INDIVIDUELLE

Chaque homme, en tant qu'individualité vivante, possède dès les premiers temps de sa vie une certaine dose de vivacité naturelle, une mesure déterminée d'énergie native, qui se traduit en activité musculaire, en actes d'impulsion ou d'arrêt, en cris, en tension nerveuse, en réactions sensorielles, en mouvements réflexes ou inconscients.

Le corps est toujours en activité. Même les mouvements constants, comme la circulation du sang, la respiration, la digestion, peuvent varier en rapidité ou en intensité d'un individu à l'autre. A plus forte raison trouvera-t-on des différences constantes, entre les individus, dans les mouvements qui exigent une mesure, si petite qu'elle soit, de volitions.

Cette *énergie fondamentale* et originelle n'a rien de commun au début avec l'intensité de la sensibilité. A l'origine, la faculté d'effectuer un mouvement est absolument distincte des sensations d'attraction et de répulsion, de plaisir et de douleur. Les sentiments ne commencent à actionner un mouvement, qu'à partir du moment où le moi peut se représenter l'idée d'un plaisir ou d'une douleur résultant d'un mouvement ou d'une action. Encore faudrait-il plusieurs sensations successives de plaisir et de douleur, avant que le moi songe à fuir l'un et à rechercher ce qui procure l'autre.

Voici comment les choses se passent : L'enfant entraîné par son énergie impulsive naturelle, touchera un objet brûlant, sans se douter de ce qui l'attend. Donc, ce qui motivait son premier geste, ce n'était pas une sensation, qu'il n'éprouvait pas encore, mais c'était son énergie native. Ce n'est que lentement qu'il se formera des idées sur ce qui est agréable ou nuisible, permis ou défendu. Donc, ce qui d'abord le pousse à l'action, c'est sa vivacité naturelle.

En résumé, le propre de chaque individualité, outre les traits physiques du corps et de la physionomie, c'est une certaine mesure d'énergie native, variable d'un individu à l'autre, constante chez le même individu. Il va sans dire que cette énergie constitutionnelle semblera chez certains individus plutôt de la faiblesse constitutionnelle.

Cette énergie est le facteur constant que nous retrouvons à tous les degrés de l'attention.

En premier lieu, le plus ou moins d'énergie individuelle s'accuse dans la manière dont s'effectue chez chaque individu le fonctionnement de l'attention primitive. L'énergie ou la faiblesse constitutionnelle se manifestent dans l'innervation et dans l'adaptation des organes sensoriels, peut-être déjà dans les oscillations rythmiques des perceptions. On se souvient, en effet, que chez des individus différents, les uns, accessibles à la fatigue, cessent promptement de percevoir ces oscillations ; d'autres, à force d'exercice, finissent par les percevoir plus nettement. Evidemment ces derniers sont doués d'une dose plus grande d'énergie native.

Dans le cours de l'attention aperceptive, l'énergie se manifeste sous la forme de désir, de curiosité, d'intérêt, d'attente. On guette l'instant où du choc de la perception nouvelle et des masses d'idées acquises jaillira l'étincelle qui fait la lumière. Sans doute, une partie de cette force est le résultat de l'éducation. Mais celle-ci serait impuissante, s'il n'existait à l'origine une certaine somme d'énergie primaire.

Dans l'attention volontaire, l'énergie fondamentale devient de l'effort, positif ou négatif. Cela est évident pour l'effort impulsif et son complément obligé, l'effort d'arrêt. Quant à l'effort négatif, modérateur et critique, on pourrait croire qu'il ne tire pas son origine de l'énergie fondamentale. Ce serait une erreur. Car les attributs essentiels de l'effort négatif sont la constance et la durée. Or l'énergie peut tout aussi bien s'affirmer sous la forme d'une force doucement continue que par des secousses et des impulsions redoublées. Certains hommes, en vertu de leur constitution originelle, seront plus aptes à une activité réglée et constante, qu'à des coups de force puissants, mais courts.

L'énergie secondaire, dépensée sous forme de contractions musculaires, lors de l'exercice de l'attention, n'est qu'un succédané, un dérivé de l'énergie primaire et fondamentale. Les signes extérieurs de l'effort, notamment, sont aussi le résultat d'habitudes prises au cours de la vie.

Les contractions musculaires varient non seulement selon les individus, mais surtout selon leur genre d'occupations. Les troubles de la respiration et de la circulation du sang, les contractions des muscles du visage, du cou, de l'occiput, etc. ne sont pas les mêmes au cours des attitudes diverses exigées par la lecture, par le langage, par le chant, par le dessin, dans l'atelier, à l'école, à la chasse. Un individu doué de peu d'énergie native est porté à exagérer ces mouvements secondaires. Les hommes les plus énergiques réussissent généralement à les dominer et même à les supprimer.

De tout ce qui précède, nous tirons la conclusion que l'attention, sous toutes ses formes, dépend :

1° de l'organisme physique que chaque homme apporte en naissant, avec ses caractères généraux et ses particularités individuelles;

2° de la mesure d'énergie fondamentale propre à chaque individualité.

LA PERSONNE

A mesure que l'individualité prend conscience d'elle-même, elle subit une transformation et devient une *personnalité*. Le moi s'éveille avec les sensations et les sentiments ; il prend possession de lui-même au cours des divers états intellectuels qui lui sont propres. Alors les volitions plus ou moins inconscientes, les efforts instinctifs, se transformentpeu à peu en actes de volonté consciente dirigés par la raison.

L'attention spontanée, à tous ses degrés, c'est l'école de la volonté. Elle prépare et rend possible l'éclosion de la personnalité consciente ; et celle-ci s'affirme avant tout sous la forme de l'attention volontaire. Une personnalité qui apprend à se plier à des règles pratiquesinspirées par la justice deviendra un *caractère moral*.

Mais les personnalités ont beau atteindre aux plus hauts sommets de l'intelligence, de la vie sentimentale et de la vertu, elles ne pourront se défaire à aucun prix de leurs traits individuels innés, très particuliers, nettement accusés. De même que la physionomie se perpétue, dans ces traits essentiels, à travers tous les changements qu'apportent l'éducation et l'âge; — de même chaque individu conserve les traits originels de sa constitution physique et psychique, et notamment le genre et la mesure d'énergie active ou passive que la nature lui a départies.

L'éducation et l'expérience peuvent polir la nature brute, cultiver les instincts, discipliner l'énergie native ; — elles ne peuvent pas détruire ce qui constitue le fond même de la vie individuelle, et elles ne doivent pas même l'essayer.

C'est précisément l'éducation et la culture de l'attention qui font d'une individualité aux arêtes trop nettement accusées, aux contours trop grossièrement taillés, une personnalité consciente, intelligente et libre, un caractère moral.

Celui qui possède un corps vigoureux, des membres souples, un naturel actif, un sang vif, un système nerveux délicat ; celui dont l'œil est perçant, l'ouïe fine, sera capable d'efforts d'attention vifs et soutenus, et jouira d'une vie intellectuelle plus riche et plus féconde.

Celui dont certains organes sont défectueux ou débiles, devra lutter jusqu'à la fin de sa vie contre ces obstacles. Parfois ces hommes de constitution faible se montrent doués de mémoire, de jugement, et d'énergie morale. C'est qu'ils possédaient, malgré les apparences contraires, des réserves inconnues d'énergie originelle. Le plus souvent ils se bornent à se servir judicieusement des éléments relativement défectueux que la nature leur a conférés.

Mais ce sont des cas exceptionnels. La loi générale veut qu'en fortifiant tout l'organisme, en exerçant les organes, en les assouplissant en vue de leurs fonctions, on fortifie la base de la volonté.

L'attention est l'instrument par lequel l'individualité fruste devient une personnalité consciente et morale. C'est par elle que l'intelligence prend son essor, et que l'homme peut s'élever à un degré supérieur de la pensée et de la vertu.

RÉPERTOIRE ALPHABÉTIQUE

DES

MATIÈRES TRAITÉES DANS CET OUVRAGE

(*Les chiffres indiquent les pages.*)

CHAPITRE V

LES RÈGLES DE L'ATTENTION APERCEPTIVE CONCERTÉE

DEUXIÈME PARTIE

L'ATTENTION VOLONTAIRE

CHAPITRE PREMIER

LES CARACTÈRES DE L'ATTENTION VOLONTAIRE

CHAPITRE II

LES RÈGLES DE L'ATTENTION PRIMITIVE ET SES APPLIC TIONS PRATIQUES

CHAPITRE III

L'ATTENTION PAR APERCEPTION

CHAPITRE IV

APPLICATIONS PRATIQUES DE L'ATTENTION APERCEPTIVE

CHAPITRE II

LE FONCTIONNEMENT DE L'ATTENTION VOLONTAIRE

CONCLUSION

BIBLIOTHÈQUE

DE

PHILOSOPHIE CONTEMPORAINE

(*Extrait du Catalogue*)

PSYCHOLOGIE EXPÉRIMENTALE

ARRÉAT (L.). — **La Psychologie du peintre.** 1 vol. in-16...... 2 fr. 50

BINET (Alfred), directeur du laboratoire de psychologie physiologique à la Sorbonne. — **La psychologie du raisonnement.** *Recherches expérimentales par l'hypnotisme.* 3e édition, 1 vol. in-16.................. 2 fr. 50

CRÉPIEUX-JAMIN (J.). — **L'écriture et le caractère.** 4e édition, 1 volume in-8.. 7 fr. 50

DANVILLE (Gaston). — **Psychologie de l'amour,** 3e édit. 1 vol. in-16. 2 fr. 50

DUMAS (Dr G.), chargé de cours à la Sorbonne. — **La tristesse et la joie.** 1 vol. in-8, avec graphiques.................................. 7 fr. 50

DUPRAT (G.-L.), docteur ès lettres. — **Le mensonge.** *Etude de psycho-sociologie pathologique et normale.* 1 vol. in-16.................. 2 fr. 50

FERRERO (Guillaume). — **Les lois psychologiques du symbolisme.** 1 volume in-8.. 5 fr.

FOUCAULT (M.), maître de conférences à l'Université de Montpellier. — **La psychophysique.** 1 vol. in-8................................ 7 fr. 50

— **Le rêve.** 1 vol. in-8.. 5 fr.

GÉRARD-VARET (L.), professeur à l'Université de Dijon. — **L'ignorance et l'irréflexion,** *Essai de psychologie objective.* 1 vol. in-8.......... 5 fr.

GODFERNAUX (A.), docteur ès lettres. — **Le sentiment et la pensée et leurs principaux aspects physiologiques,** 2e édit. 1 vol. in-16... 2 fr. 50

HÖFFDING, professeur à l'Université de Copenhague. — **Esquisse d'une psychologie fondée sur l'expérience,** trad. POITEVIN, préface de PIERRE JANET. 3e édit. 1 vol. in-8.............................. 7 fr. 50

JAËLL (Mme Marie). — **L'intelligence et le rythme dans les mouvements artistiques.** 1 vol. in-16.................................. 2 fr. 50

JAMES (W.). — **La théorie de l'émotion,** traduit de l'anglais. Introduction par G. DUMAS, chargé de cours à la Sorbonne, 1 vol. in-16..... 2 fr. 50

JANET (Pierre), professeur au Collège de France. — **L'automatisme psychologique.** 5e édit. 1 vol. in-8................................ 7 fr. 50

JAURÈS (Jean), docteur ès lettres, député. — **De la réalité du monde sensible,** 2e édit., 1 vol. in-8.................................. 7 fr. 50

LANGE (Dr), professeur à l'Université de Copenhague. — **Les Émotions.** *Ét. de psycho-physiologique,* traduite par le Dr G. DUMAS, chargé de cours à la Sorbonne. 2e édit. 1 vol. in-16.......................... 2 fr. 50

MALAPERT (P.), docteur ès lettres, professeur au lycée Louis-le-Grand. — **Les éléments du caractère et leurs lois de combinaison.** 1 volume in-8 .... 5 fr.

MAXWELL (J.), docteur en médecine, avocat général près la cour d'appel de Bordeaux. — **Les phénomènes psychiques.** *Recherches, observations, méthodes.* Préface de CH. RICHET. 3e édit., 1 vol. in-8.... 5 fr.

MOSSO, professeur à l'Université de Turin. — **La peur.** *Etude psycho-physiologique,* traduite de l'italien par F. HÉMENT, 3e édit., 1 vol. in-16 avec fig. dans le texte.... 2 fr. 50

— **La fatigue intellectuelle et physique,** traduit de l'italien par P. LANGLOIS, 5e édit., 1 vol. in-16 avec grav. dans le texte.... 2 fr. 50

MYERS (F.-W.-H.). — **La personnalité humaine.** *Sa survivance. Ses manifestations supra-normales.* Traduction JANKELEVITCH. 2e édit. 1 volume in-8.... 7 fr. 50

NAYRAC (J.-P.). — **Psychologie et physiologie de l'attention.** Préface de M. TH. RIBOT. (*Récompensé par l'Institut*), 1 vol. in-8.... 3 fr. 75

PAULHAN (Fr.). — **Les caractères,** 2e édit., 1 vol. in-8.... 5 fr.

— **Les mensonges du caractère.** 1 vol. in-8.... 5 fr.

PHILIPPE (Dr J.). — **L'image mentale.** 1 vol. in-16 avec gravures. 2 fr. 50

PIDERIT. — **La mimique et la physiognomonie,** traduit de l'allemand par M. GIROT. 1 vol. in-8 avec 100 grav.... 5 fr.

RAUH (F.), chargé de cours à la Sorbonne. — **De la méthode dans la psychologie des sentiments.** 1 vol. in-8.... 5 fr.

— **L'expérience morale.** 1 vol in-8. (*Récompensé par l'Institut*). 3 fr. 75

RIBERY (Ch.), docteur ès lettres. — **Essai de classification des caractères.** 1 vol. in-8.... 3 fr. 75

RIBOT (Th.), de l'Institut, professeur honoraire au Collège de France. — **La psychologie de l'attention,** 8e édit., 1 vol. in-16.... 2 fr. 50

— **L'hérédité psychologique,** 7e édit., 1 vol. in-8.... 7 fr. 50

— **La psychologie des sentiments,** 5e édit., 1 vol. in-8.... 7 fr. 50

— **La logique des sentiments.** 1 vol. in-8.... 3 fr. 75

SOLLIER (Dr P.). — **Le problème de la mémoire.** *Essai de psycho-mécanique.* 1 vol. in-8.... 3 fr. 75

— **Les phénomènes d'autoscopie,** 1 vol. in-16.... 2 fr. 50

— **Le mécanisme des émotions,** 1 vol. in-8.... 5 fr.

TARDE (G.), de l'Institut, professeur au Collège de France. — **Psychologie économique,** 2 vol. in-8.... 15 fr.

TARDIEU (E.). — **L'ennui.** *Etude psychologique.* 1 vol. in-8.... 5 fr.

THOMAS (P.-F.), docteur ès lettres, agrégé de philosophie. — **La suggestion,** *son rôle dans l'éducation,* 4e édit., 1 vol. in-16.... 2 fr. 50

TISSIÉ. — **Les rêves,** *physiologie et pathologie,* avec préface de M. le prof. AZAM, 2e édit., 1 vol. in-8.... 2 fr. 50

WUNDT. — **Hypnotisme et suggestion,** traduit de l'allemand par E. KELLER. 3e édit., 1 vol. in-16.... 2 fr. 50

ENVOI FRANCO AU REÇU DE LA VALEUR EN MANDAT OU TIMBRES

PARIS. — IMPRIMERIES CERF, 12, RUE SAINTE-ANNE.

26. BRUCKE et HELMHOLTZ. Principes scientifiques des beaux-arts, 4e édition, illustré.
[illegible] La théorie atomique, 8e édition.
[illegible]ECCHI (le Père). Les étoiles, 3e édit., 2 vol. illustrés.
[illegible] L'homme avant les métaux, 4e édit, (*épuisé*).
[illegible] science de l'éducation, 10e édition.
[illegible] de la machine à vapeur. 3e éd., 2 vol.
[illegible] Les peuples de l'Afrique, 2e édit. ([illegible]).
[illegible]ENCER. Les bases de la morale évolutionniste, [illegible] édition.
36. TH.-H. HUXLEY. L'écrevisse, introduction à l'étude de la zoologie, 2e édition, illustré.
37. DE ROBERTY. La sociologie, 3e édition.
38. O.-N. ROOD. Théorie scientifique des couleurs et leurs applications à l'art et à l'industrie, 2e édition, illustré.
39. DE SAPORTA et MARION. L'évolution du règne végétal. *Les cryptogames*, illustré.
40-41. CHARLTON-BASTIAN. Le cerveau et la pensée, 2e éd., 2 vol. illustrés.
42. JAMES SULLY. Les illusions des sens et de l'esprit, 3e éd., ill.
43. YOUNG. Le Soleil, illustré (*épuisé*).
44. A. DE CANDOLLE. Origine des plantes cultivées, 4e édit.
45-[illegible] J. LUBBOCK. Fourmis, abeilles et guêpes (*épuisé*).
47. Ed. PERRIER. La philos. zoologique avant Darwin, 3e éd.
[illegible]ALLO. La matière et la physique moderne, 3e édition.
[illegible]EGAZZA. La physionomie et l'expression des [illegible]ments, 3e édit., illustré, avec 8 pl. hors texte.
50. DE MEYER. Les organes de la parole, illustré.
51. DE LANESSAN. Introduction à la botanique. *Le sapin*, 2e édit., illustré.
52-53. DE SAPORTA et MARION. L'évolution du règne végétal. *Les phanérogames*, 2 volumes illustrés.
54. TROUESSART. Les microbes, les ferments et les moisissures, 2e éd., illustré.
55. HARTMANN. Les singes anthropoïdes (*épuisé*).
56. SCHMIDT. Les mammifères dans leurs rapports avec leurs ancêtres géologiques, illustré.
57. BINET et FÉRÉ. Le magnétisme animal, 4e éd., illustré.
58-59. ROMANES. L'intelligence des animaux, 3e éd., 2 vol.
60. F. LAGRANGE. Physiologie des exercices du corps, 8e éd.
61. DREYFUS. L'évolution des mondes et des sociétés, 3e édit.
62. DAUBRÉE. Les régions invisibles du globe et des espaces célestes, 2e édition, illustré.
63-64. J. LUBBOCK. L'homme préhistorique, 4e éd. 2 vol. ill.
65. RICHET (Ch.). La chaleur animale, illustré.
66. FALSAN. La période glaciaire, illustré (*épuisé*).
67. BEAUNIS. Les sensations internes.
68. CARTAILHAC. La France préhistorique, 2e éd., illustré.
69. BERTHELOT. La révolution chimique. Lavoisier. ill.

70. J. LUBBOCK. Les sens et l'instinct chez les animaux, ill.
71. STARCKE. La famille primitive.
72. ARLOING. Les virus, illustré.
73. TOPINARD. L'homme dans la nature, illustré.
74. BINET. Les altérations de la personnalité.
75. DE QUATREFAGES. Darwin et ses précurseurs français, 2e éd.
76. LEFÈVRE. Les races et les langues.
77-78. A. DE QUATREFAGES. Les émules de Darwin, 2 vol.
79. BRUNACHE. Le centre de l'Afrique; autour du Tchad, ill.
80. A. ANGOT. Les aurores polaires, illustré.
81. JACCARD. Le pétrole, l'asphalte et le bitume, illustré.
82. STANISLAS MEUNIER. La géologie comparée, illustré.
83. LE DANTEC. Théorie nouvelle de la vie, 3e éd., illustré.
84. DE LANESSAN. Principes de colonisation.
85. DEMOOR, MASSART et VANDERVELDE. L'évolution régressive en biologie et en sociologie, illustré.
86. G. DE MORTILLET. Formation de la nation française, 2e édition, illustré.
87. G. ROCHÉ. La culture des mers en Europe (*Piscifacture, pisciculture, ostréiculture*), illustré.
88. J. COSTANTIN. Les végétaux et les milieux cosmiques (*Adaptation, évolution*), illustré.
89. LE DANTEC. Évolution individuelle et hérédité.
90. E. GUIGNET et E. GARNIER. La céramique ancienne et moderne, illustré.
91. E.-M. GELLÉ. L'audition et ses organes, illustré.
92. STANISLAS MEUNIER. La géologie expérimentale, 2e éd., illustré.
93. J. COSTANTIN. La nature tropicale, illustré.
94. E. GROSSE. Les débuts de l'art, illustré.
95. J. GRASSET. Les maladies de l'orientation et de l'équilibre, illustré.
96. G. DEMENY. Les bases scientifiques de l'éducation physique, 3e éd., illustré.
97. F. MALMÉJAC. L'eau dans l'alimentation, illustré.
98. STANISLAS MEUNIER. La géologie générale, illustré.
99. G. DEMENY. Mécanisme et éducation des mouvements, 2e édition, illustré. 9 fr.
100. L. BOURDEAU. Histoire du vêtement et de la parure.
101. A. MOSSO. Les exercices physiques et le développement intellectuel.
102. LE DANTEC. Les lois naturelles, illustré.
103. NORMAN LOCKYER. L'évolution inorganique, illustré.
104. COLAJANNI. Latins et Anglo-Saxons. 9 fr.
105. JAVAL. Physiologie de la lecture et de l'écriture, 2e éd. ill.
106. COSTANTIN. Le transformisme appliqué à l'agriculture, illustré.
107. LALOY. Parasitisme et mutualisme dans la nature, illustré.

COLLECTION MÉDICALE

ÉLÉGANTS VOLUMES IN-12, CARTONNÉS A L'ANGLAISE, A 4 ET A 3 FRANCS

La mélancolie, par le Dr R. Masselon. 4 fr.

Essai sur la puberté chez la femme, par le Dr Marthe Francillon. 4 fr.

Hygiène de l'alimentation dans l'état de santé et de maladie, par le Dr J. Laumonier, avec gravures. 3e éd. 4 fr.

Les nouveaux traitements, par *le même*. 2e édit. 4 fr.

Les embolies bronchiques tuberculeuses, par le Dr Ch. Sabourin. 4 fr.

L'alimentation des nouveau-nés. *Hygiène de l'allaitement artificiel*, par le Dr S. Icard, avec 60 gravures. 2e édit. 4 fr.

La mort réelle et la mort apparente, diagnostic et traitement de la mort apparente, par *le même*, avec gravures. 4 fr.

L'hygiène sexuelle et ses conséquences morales, par le Dr S. Ribbing, prof. à l'Univ. de Lund (Suède). 2e édit. 4 fr.

Hygiène de l'exercice chez les enfants et les jeunes gens, par le Dr F. Lagrange, lauréat de l'Institut. 8e édit. 4 fr.

De l'exercice chez les adultes, par *le même*. 4e édition. 4 fr.

Hygiène des gens nerveux, par le Dr Levillain, avec gravures. 4e édition. 4 fr.

L'éducation rationnelle de la volonté, son emploi thérapeutique, par le Dr Paul-Emile Lévy. Préface de M. le prof. Bernheim. 3e édition. 4 fr.

L'idiotie. *Psychologie et éducation de l'idiot*, par le Dr J. Voisin, médecin de la Salpêtrière, avec gravures. 4 fr.

L'instinct sexuel. *Évolution, dissolution*, par *le même*. 2e éd. 4 fr.

La famille névropathique, *Hérédité, prédisposition morbide, dégénérescence*, par le Dr Ch. Féré, médecin de Bicêtre, avec gravures. 2e édition. 4 fr.

Le traitement des aliénés dans les familles, par *le même*. 3e édition. 4 fr.

L'hystérie et son traitement, par le Dr Paul Sollier. 4 fr.

Manuel de psychiatrie, par le Dr J. Rogues de Fursac. 2e éd. 4 fr.

L'éducation physique de la jeunesse, par A. Mosso, professeur à l'Université de Turin. 4 fr.

Manuel de percussion et d'auscultation, par le Dr P. Simon, professeur à la Faculté de médecine de Nancy, avec grav. 4 fr.

Éléments d'anatomie et de physiologie génitales et obstétricales, par le Dr A. Pozzi, professeur à l'École de médecine de Reims, avec 219 gravures. 4 fr.

Manuel théorique et pratique d'accouchements, par *le même*, avec 138 gravures. 4e édition. 4 fr.

Morphinisme et Morphinomanie, par le Dr PAUL RODET. (*Couronné par l'Académie de médecine.*) 4 fr.

La fatigue et l'entraînement physique, par le Dr PH. TISSIÉ, avec gravures. Préface de M. le prof. BOUCHARD. 2e édition. 4 fr.

Les maladies de la vessie et de l'urèthre chez la femme, par le Dr KOLISCHER; trad. de l'allemand par le Dr BEUTTNER, de Genève; avec gravures. 4 fr.

La profession médicale. *Ses devoirs, ses droits*, par le Dr G. MORACHE, professeur de médecine légale à l'Université de Bordeaux. 4 fr.

Le mariage, par *le même*. 4 fr.

Grossesse et accouchement, par *le même*. 4 fr.

Naissance et mort, par *le même*. 4 fr.

La responsabilité, par *le même*. 4 fr.

Manuel d'électrothérapie et d'électrodiagnostic, par le Dr E. ALBERT-WEIL, avec 88 gravures. 2e éd. 4 fr.

Traité de l'intubation du larynx *chez l'enfant et chez l'adulte*, par le Dr A. BONAIN, avec 42 gravures. 4 fr.

Pratique de la chirurgie courante, par le Dr M. CORNET. Préface du Pr OLLIER, avec 111 gravures. 4 fr.

Dans la même collection :

COURS DE MÉDECINE OPÉRATOIRE

de M. le Professeur **Félix Terrier**.

Petit manuel d'antisepsie et d'asepsie chirurgicales, par les Drs FÉLIX TERRIER, professeur à la Faculté de médecine de Paris, et M. PÉRAIRE, ancien interne des hôpitaux, avec grav. 3 fr.

Petit manuel d'anesthésie chirurgicale, par *les mêmes*, avec 37 gravures. 3 fr.

L'opération du trépan, par *les mêmes*, avec 222 grav. 4 fr.

Chirurgie de la face, par les Drs FÉLIX TERRIER, GUILLEMAIN et MALHERBE, avec gravures. 4 fr.

Chirurgie du cou, par *les mêmes*, avec gravures. 4 fr.

Chirurgie du cœur et du péricarde, par les Drs FÉLIX TERRIER et E. REYMOND, avec 79 gravures. 3 fr.

Chirurgie de la plèvre et du poumon, par *les mêmes*, avec 67 gravures. 4 fr.

MÉDECINE

EXTRAIT DU CATALOGUE, PAR ORDRE DE SPÉCIALITÉS

A. — Pathologie et thérapeutique médicales.

AXENFELD ET HUCHARD. **Traité des névroses.** 2e édition, par HENRI HUCHARD. 1 fort vol. gr. in-8. 20 fr.

BOUCHUT ET DESPRÈS. **Dictionnaire de médecine et de thérapeutique médicale et chirurgicale,** comprenant le résumé de la médecine et de la chirurgie, les indications thérapeutiques de chaque maladie, la médecine opératoire, les accouchements, l'oculitisque, l'odontotechnie, les maladies d'oreilles, l'électrisation, la matière médicale, les eaux minérales, et un formulaire spécial pour chaque maladie. 6e édition, très augmentée. 1 vol. in-4, avec 1001 fig. dans le texte et 3 cartes. Broché, 25 fr. ; relié. 30 fr.

BOURCART et CAUTRU. **Le ventre.** I. *Le rein.* 1 vol. gr. in-8 avec grav. et planches. 10 fr.

CAMUS ET PAGNIEZ. **Isolement et psychothérapie.** *Traitement de la neurasthénie.* Préface du Pr DÉJERINE. 1 vol. gr. in-8. 9 fr.
Couronné par l'Académie des Sciences (Prix Lallemand.)

CORNIL ET BABÈS. **Les bactéries et leur rôle dans l'anatomie et l'histologie pathologiques des maladies infectieuses.** 3e éd. entièrement refondue. 2 vol. in-8, avec 350 fig. dans le texte en noir et en couleurs et 12 planches hors texte. 40 fr.

DAVID. **Les microbes de la bouche.** 1 vol. in-8, avec gravures en noir et en couleurs dans le texte. 10 fr.

DELBET (Pierre). **Du traitement des anévrysmes.** 1 vol. in-8. 5 fr.

DURAND-FARDEL. **Traité des eaux minérales** de la France et de l'étranger, leur emploi dans les maladies chroniques. 3e éd. 1 v. in-8. 10 fr.

FÉRÉ (Ch.). **Les épilepsies et les épileptiques.** 1 vol. gr. in-8, avec 12 planches hors texte et 67 grav. dans le texte. 20 fr.

— **La pathologie des émotions.** 1 vol. in-8. 12 fr.

FINGER (E.). **La syphilis et les maladies vénériennes.** Trad. de l'allemand avec notes par les docteurs SPILLMANN et DOYON. 2e édit. 1 vol. in-8, avec 5 planches hors texte. 12 fr.

FLEURY (Maurice de). **Introduction à la médecine de l'esprit.** 7e édit. 1 vol. in-8. 7 fr. 50
(*Ouvrage couronné par l'Académie française et par l'Académie de médecine*)

— **Les grands symptômes neurasthéniques.** 3e édition, revue. 1 vol. in-8. 7 fr. 50

— **Manuel pour l'étude des maladies du système nerveux.** 1 vol. gr. in-8, avec 132 grav. en noir et en couleurs, cart. à l'angl. 25 fr.
Ces deux derniers ouvrages ont été couronnés par l'Académie des Sciences (Prix Lallemand).

GLÉNARD. **Les ptoses viscérales** (Estomac, Intestin, Rein, Foie, Rate). 1 vol. gr. in-8, avec 224 fig. et 30 tableaux synoptiques. 20 fr.

GRASSET. **Les maladies de l'orientation et de l'équilibre.** 1 vol. in-8, cart à l'angl. 6 fr.

HERARD, CORNIL ET HANOT. **De la phtisie pulmonaire.** 2e éd. 1 vol. in-8, avec fig. dans le texte et pl. coloriées. 20 fr.

ICARD (S.). **La femme pendant la période menstruelle.** Étude de psychologie morbide et de médecine légale. in-8. 6 fr.

JANET (P.) ET RAYMOND (F.). **Névroses et idées fixes.**

Tome I. — *Études expérimentales sur les troubles de la volonté, de l'attention, de la mémoire; sur les émotions, les idées obsédantes et leur traitement*, par P. Janet. 2e éd. 1 vol. gr. in-8, avec 68 gr. 12 fr.

Tome II. — *Fragments des leçons cliniques du mardi sur les névroses, les maladies produites par les émotions, les idées obsédantes et leur traitement*, par F. Raymond et P. Janet. 1 vol. grand in-8, avec 97 gravures. 14 fr.

(*Ouvrage couronné par l'Académie des Sciences et par l'Académie de médecine.*)

JANET (P.) ET RAYMOND (F.) **Les obsessions et la psychasthénie.**

Tome I. — *Études cliniques et expérimentales sur les idées obsédantes, les impulsions, les manies mentales, la folie du doute, les tics, les agitations, les phobies, les délires du contact, les angoisses, les sentiments d'incomplétude, la neurasthénie, les modifications des sentiments du réel, leur pathogénie et leur traitement*, par P. Janet. 1 vol. in-8 raisin, avec gravures dans le texte. 18 fr.

Tome II. — *Fragments des leçons cliniques du mardi sur les états neurasthéniques, les aboulies, les sentiments d'incomplétude, les agitations et les angoisses diffuses, les algies, les phobies, les délires du contact, les tics, les manies mentales, les folies du doute, les idées obsédantes, les impulsions, leur pathogénie et leur traitement*, par F. Raymond et P. Janet. 1 vol. in-8 raisin, avec 22 grav. dans le texte. 14 fr.

LAGRANGE (F.). **Les mouvements méthodiques et la « mécanothérapie ».** 1 vol. in-8, avec 55 gravures dans le texte. 10 fr.

— **Le traitement des affections du cœur par l'exercice et le mouvement.** 1 vol. in-8, avec nombreux graphiques et une carte hors texte. 6 fr.

— **La médication par l'exercice.** 1 vol. gr. in-8 avec 68 grav. et une planche en couleurs hors texte. 2e éd. 12 fr.

LE DANTEC (F.). **Introduction à la pathologie générale.** 1 fort vol. gr. in-8. 15 fr.

MARVAUD (A.). **Les maladies du soldat**, étude étiologique, épidémiologique et prophylactique. 1 vol. grand in-8. 20 fr.

(*Ouvrage couronné par l'Académie des sciences.*)

MOSSÉ. **Le diabète et l'alimentation aux pommes de terre.** 1 vol. in-8. 5 fr.

RILLIET ET BARTHEZ. **Traité clinique et pratique des maladies des enfants.** 3e édition, refondue et augmentée, par Barthez et A. Sanné.

Tome I, 1 fort vol. gr. in-8. 16 fr.

Tome II, 1 fort vol. gr. in-8. 14 fr.

Tome III terminant l'ouvrage, 1 fort vol. gr. in-8. 25 fr.

SOLLIER (Paul). **Genèse et nature de l'hystérie.** 2 forts vol. in-8. 20 fr.

SPRINGER. **La croissance.** Son rôle en pathologie. Essai de pathologie générale. 1 vol. in-8. 6 fr.

VOISIN (J.). **L'épilepsie.** 1 vol. in-8. 6 fr.

WIDE (A.). **Traité de gymnastique médicale suédoise.** Trad., annoté et augm. par le Dr Bourcart. 1 vol. in-8, avec 128 grav. 12 fr. 50

B. — Pathologie et thérapeutique chirurgicales.

Congrès français de chirurgie. Mémoires et discussions, publiés par MM. POZZI et PICQUÉ, secrétaires généraux :
1re, 2e et 3e sessions : 1885, 1886, 1888, 3 forts vol. gr. in-8, avec fig., chacun, 14 fr. — 4e session : 1889, 1 fort vol. gr. in-8, avec fig., 16 fr. — 5e session : 1891, 1 fort vol. gr. in-8, avec fig., 14 fr. — 6e session : 1892, 1 fort vol. gr. in-8, avec fig., 16 fr. — 7e session : 1893, 1 fort vol. gr. in-8, 18 fr. — 8e, 9e, 10e, 11e, 12e, 13e, 14e, 15e et 16e sessions : 1894-95-96-97-98-99-1901-02-03, chaque volume. 20 fr.

DE BOVIS. **Le cancer du gros intestin,** *rectum excepté.* 1 volume in-8. 5 fr.

DELORME. **Traité de chirurgie de guerre.** 2 vol. gr. in-8.
TOME I, avec 95 grav. dans le texte et une pl. hors texte. 16 fr.
TOME II, terminant l'ouvrage, avec 400 grav. dans le texte. 26 fr.
(*Ouvrage couronné par l'Académie des Sciences.*)

DURET (H.). **Les tumeurs de l'encéphale.** *Manifestations et chirurgie.* 1 fort vol. gr. in-8 avec 300 figures. 20 fr.

ESTOR. **Guide pratique de chirurgie infantile.** 1 vol. in-8, avec 165 gravures. 8 fr.

FRAISSE. **Principes du diagnostic gynécologique.** 1 vol. in-12, avec gravures. 5 fr.

KOSCHER. **Les fractures de l'humérus et du fémur.** 1 vol. gr. in-8, avec 105 fig. et 56 planches hors texte. 15 fr.

LABADIE-LAGRAVE ET LEGUEU. **Traité médico-chirurgical de gynécologie.** 3e édition entièrement remaniée. 1 vol. grand in-8, avec nombreuses fig., cart. à l'angl. 25 fr.

F. LEGUEU. **Leçons de clinique chirurgicale** (Hôtel-Dieu, 1901). 1 vol. grand in-8, avec 71 gravures dans le texte. 12 fr.

LIEBREICH. **Atlas d'ophtalmoscopie,** représentant l'état normal et les modifications pathologiques du fond de l'œil vues à l'ophtalmoscope. 3e édition. Atlas in-f° de 12 planches. 40 fr.

NIMIER (H.). **Blessures du crâne et de l'encéphale par coup de feu.** 1 vol. in-8, avec 150 fig. 15 fr.

NIMIER (H.) ET DESPAGNET. **Traité élémentaire d'ophtalmologie.** 1 fort vol. gr. in-8, avec 432 gravures. Cart. à l'angl. 20 fr.

NIMIER (H.) ET LAVAL. **Les projectiles de guerre** et leur action vulnérante. 1 vol. in-12, avec grav. 3 fr.

— **Les explosifs, les poudres, les projectiles d'exercice,** leur action et leurs effets vulnérants. 1 vol. in-12, avec grav. 3 fr.

— **Les armes blanches,** leur action et leurs effets vulnérants. 1 vol. in-12, avec grav. 6 fr.

— **De l'infection en chirurgie d'armée,** évolution des blessures de guerre. 1 vol. in-12, avec grav. 6 fr.

— **Traitement des blessures de guerre.** 1 fort vol. in-12, avec gravures. 6 fr.

F. TERRIER ET M. AUVRAY. **Chirurgie du foie et des voies biliaires.** 1 vol. grand in-8, avec 50 fig. 10 fr.

F. TERRIER ET M. PÉRAIRE. **Manuel de petite chirurgie.** 8e édition, entièrement refondue. 1 fort vol. in-12, avec 572 fig., cartonné à l'anglaise. 8 fr.

C. — Thérapeutique. Pharmacie. Hygiène.

BOSSU. **Petit compendium médical.** 6e édit. 1 vol. in-32, cartonné à l'anglaise. 1 fr. 25

BOUCHARDAT. **Nouveau formulaire magistral.** 1900. 1 vol. in-18, cartonné. 4 fr.

BOUCHARDAT ET DESOUBRY. **Formulaire vétérinaire,** contenant le mode d'action, l'emploi et les doses des médicaments. 6e édit. 1 vol. in-18, broché, 3 fr. 50; cartonné, 4 fr.; relié. 4 fr. 50

BOUCHARDAT. **De la glycosurie ou diabète sucré,** son traitement hygiénique. 2e édition. 1 vol. grand in-8.

BOUCHARDAT. **Traité d'hygiène publique et privée,** basée sur l'étiologie. 3e édition. 1 fort volume gr. in-8. 18 fr.

BOURGEOIS (G.). **Exode rural et tuberculose.** 1 vol. gr. in-8. 5 fr.

CHASSEVANT (A.). **Précis de chimie physiologique.** 1 vol. gr. in-8. 10 fr.

LAGRANGE (F.). **La médication par l'exercice.** 1 vol. grand in-8, avec 68 grav. et une carte en couleurs. 2 éd. 12 fr.

— **Les mouvements méthodiques et la « mécanothérapie ».** 1 vol. in-8, avec 55 gravures. 10 fr.

MOSSÉ. **Le diabète et l'alimentation aux pommes de terre.** 1 volume in-8, avec graphiques. 5 fr.

WEBER. **Climatothérapie.** Traduit de l'allemand par les docteurs DOYON et SPILMANN. 1 vol. in-8. 6 fr.

D. — Anatomie. Physiologie. Histologie.

BELZUNG. **Anatomie et physiologie végétales.** 1 fort volume in-8, avec 1700 gravures. 20 fr.

— **Anatomie et physiologie animales.** 9e édition revue. 1 fort volume in-8, avec 522 gravures dans le texte, broché, 6 fr.; cart. 7 fr.

BÉRAUD (B.-J.). **Atlas complet d'anatomie chirurgicale topographique,** pouvant servir de complément à tous les ouvrages d'anatomie chirurgicale, composé de 109 planches représentant plus de 200 figures gravées sur acier, avec texte explicatif. 1 fort vol. in-4.

Prix : Fig. noires, relié, 60 fr. — Fig. coloriées, relié, 120 fr.

CORNIL, RANVIER, BRAULT ET LETULLE. **Manuel d'histologie pathologique.** 3e édition entièrement remaniée.

TOME I, par MM. RANVIER, CORNIL, BRAULT, F. BEZANÇON et M. CAZIN. — *Histologie normale.* — *Cellules et tissus normaux.* — *Généralités sur l'histologie pathologique.* — *Altération des cellules et des tissus.* — *Inflammations.* — *Tumeurs.* — *Notions sur les bactéries.* — *Maladies des systèmes et des tissus.* — *Altérations du tissu conjonctif.* 1 vol. in-8, avec 387 gravures en noir et en couleurs. 25 fr.

TOME II, par MM. DURANTE, JOLLY, DOMINICI, GOMBAULT et PHILLIPE. — *Muscles.* — *Sang et hématopoièse.* — *Généralités sur le système*

TOME III, par MM. GOMBAULT, NAGEOTTE, RICHE, MARIE, DURANTE, LEGRY, MILIAN, BEZANÇON. — *Cerveau.* — *Moelle.* — *Nerfs.* — *Cœur.* — *Poumon.* — *Larynx.* — *Ganglion lymphatique.* — *Rate.* 1 vol. in-8, avec grav. en noir et en coul. (*Paraîtra en Octobre 1905.*)

L'ouvrage complet comprendra 4 volumes.

CYON (E. DE). **Les nerfs du cœur.** 1 vol. gr. in-8 avec fig. 6 fr.

DEBIERRE. **Traité élémentaire d'anatomie de l'homme.** Anatomie descriptive et dissection, avec notions d'organogénie et d'embryologie générales. Ouvrage complet en 2 volumes. 40 fr.

TOME I. *Manuel de l'amphithéâtre.* 1 vol. in-8 de 950 pages, avec 450 figures en noir et en couleurs dans le texte. 20 fr.

TOME II ET DERNIER. 1 vol. in-8, avec 515 figures en noir et en couleurs dans le texte. 20 fr.

(*Couronné par l'Académie des Sciences.*)

DEBIERRE. **Les centres nerveux** (Moelle épinière et encéphale), avec applications physiologiques et médico-chirurgicales. 1 vol. in-8, avec grav. en noir et en couleurs. 12 fr.

— **Atlas d'ostéologie,** comprenant les articulations des os et les insertions musculaires. 1 vol. in-4, avec 253 grav. en noir et en couleurs, cart. toile dorée. 12 fr.

— **Leçons sur le péritoine.** 1 vol. in-8, avec 58 figures. 4 fr.

— **L'embryologie en quelques leçons.** 1 vol. in-8, avec 144 fig. 4 fr

G. DEMENY. **Mécanisme et éducation des mouvements.** 2e éd. 1 vol. in-8, avec 565 figures. 9 fr.

DUVAL (Mathias). **Le placenta des rongeurs.** 1 vol. in-4, avec 106 fig. dans le texte et un atlas de 22 planches en taille-douce hors texte. 40 fr.

— **Le placenta des carnassiers.** 1 beau vol. in-4, avec 46 figures dans le texte et un atlas de 13 planches en taille-douce. 25 fr.

— **Études sur l'embryologie des chéiroptères.** *L'ovule, la gastrula, le blastoderme et l'origine des annexes chez le murin.* 1 fort vol., avec 29 fig. dans le texte et 5 planches en taille-douce. 15 fr.

FAU. **Anatomie des formes du corps humain,** à l'usage des peintres et des sculpteurs. 1 atlas in-folio de 25 planches. Prix : Figures noires. 15 fr. — Figures coloriées. 30 fr.

FÉRÉ. **Travail et plaisir.** *Études de psycho-mécanique.* 1 vol. gr. in-8, avec 200 fig. 12 fr.

— **Sensation et mouvement.** 2e éd. 1 vol. in-16, avec grav. 2 fr. 50

GLEY (E.). **Études de psychologie physiologique et pathologique.** 1 vol. in-8 avec gravures. 5 fr.

GRASSET (J.). **Les limites de la biologie.** 4e édit. Préface de Paul BOURGET. 1 vol. in-16. 2 fr. 50

LE DANTEC. **Traité de biologie.** 1 vol. grand in-8, avec fig., 2e éd. 15 fr.

— **Lamarckiens et Darwiniens.** 2e édit. 1 vol. in-16. 2 fr. 50

— **L'[illegible]ité dans l'être vivant.** *Essai d'une biologie chimique.* 1 vol. [illegible] 7 fr. 50

— **Les limites du connaissable.** *La vie et les phénomènes naturels.* 2e édit. 1 vol. in-8. 3 fr. 75

[illegible]. **Éléments de physiologie générale.** Traduit de l'allemand par M. J. SOURY. 1 vol. in-8. 5 fr.

— **Physiologie spéciale de l'embryon.** 1 vol. in-8, avec figures et 9 pl[illegible] hors texte. 7 fr. 50

SPENCER (Herbert). **Principes de biologie,** traduit par M. CAZELLES. [illegible]

BIBLIOTHÈQUE GÉNÉRALE DES SCIENCES SOCIALES

Secrétaire de la rédaction : DICK MAY, Secrét. gén. de l'Éc. des Hautes Études sociales.

Volumes in-8 carré de 300 pages environ, cart. à l'anglaise.
Chaque volume, 6 fr.

L'individualisation de la peine, par R. SALEILLES, professeur à la Faculté de droit de l'Université de Paris.

L'idéalisme social, par EUGÈNE FOURNIÈRE.

Ouvriers du temps passé (XVe et XVIe siècles), par H. HAUSER, professeur à l'Université de Dijon, 2e édition.

Les transformations du pouvoir, par G. TARDE, de l'Institut, professeur au Collège de France.

Morale sociale, par MM. G. BELOT, MARCEL BERNÈS, BRUNSCHVICG, F. BUISSON, DARLU, DAURIAC, DELBET, CH. GIDE, M. KOVALEVSKY, MALAPERT, le R. P. MAUMUS, DE ROBERTY, G. SOREL, le PASTEUR WAGNER. Préface de M. ÉMILE BOUTROUX, de l'Institut.

Les enquêtes, *pratique et théorie*, par P. DU MAROUSSEM. *(Ouvrage couronné par l'Institut.)*

Questions de morale, par MM. BELOT, BERNÈS, F. BUISSON, A. CROISET, DARLU, DELBOS, FOURNIÈRE, MALAPERT, MOCH, D. PARODI, G. SOREL.

Le développement du catholicisme social, depuis l'encyclique *Rerum Novarum*, par MAX TURMANN.

Le socialisme sans doctrines, par A. MÉTIN.

L'éducation morale dans l'Université (*Enseignement secondaire*). Conférences et discussions, sous la présidence de M. A. CROISET, doyen de la Faculté des lettres de l'Université de Paris.

La méthode historique appliquée aux sciences sociales, par CH. SEIGNOBOS, maître de conf. à l'Univ. de Paris.

Assistance sociale. *Pauvres et mendiants*, par PAUL STRAUSS, sénateur.

L'hygiène sociale, par E. DUCLAUX, de l'Institut, directeur de l'Institut Pasteur.

Le contrat de travail. *Le rôle des syndicats professionnels*, par P. BUREAU, professeur à la Faculté libre de droit de Paris.

Essai d'une philosophie de la solidarité. Conférences et discussions, sous la présidence de MM. LÉON BOURGEOIS, sénateur, ancien président du Conseil des ministres, et A. CROISET, de l'Institut, doyen de la Faculté des lettres de Paris.

L'éducation de la démocratie. Leçons professées à l'École des Hautes Études sociales, par MM. E. LAVISSE, A. CROISET, SEIGNOBOS, MALAPERT, LANSON, HADAMARD.

L'exode rural et le retour aux champs, par E. VANDERVELDE, professeur à l'Université nouvelle de Bruxelles.

La lutte pour l'existence et l'évolution des sociétés, par J.-L. DE LANESSAN, député, ancien ministre de la Marine.

La concurrence sociale et les devoirs sociaux, par LE MÊME.

La démocratie devant la science, par C. Bouglé, professeur à l'Université de Toulouse.

L'individualisme anarchiste. *Max Stirner*, par V. Basch, professeur à l'Université de Rennes.

Les applications sociales de la solidarité, par MM. P. Budin, Ch. Gide, H. Monod, Paulet, Robin, Siegfried, Brouardel. Préface de M. Léon Bourgeois.

La paix et l'enseignement pacifiste, par MM. Fr. Passy, Ch. Richet, d'Estournelles de Constant, E. Bourgeois, A. Weiss, H. La Fontaine, G. Lyon.

Études sur la philosophie morale au XIXe siècle, par MM. Belot, A. Darlu, M. Bernès, A. Landry, Ch. Gide, E. Roberty, R. Allier, H. Lichtenberger, L. Brunschvicg.

Enseignement et démocratie, par MM. Croiset, Devinat, Boitel, Millerand, Appell, Seignobos, Lanson, Ch.-V. Langlois.

Religions et sociétés, par MM. Th. Reinach, A. Puech, R. Allier, A. Leroy-Beaulieu, le Bon Carra de Vaux, H. Dreyfus.

Essais socialistes, *La religion, L'alcoolisme, L'art*, par E. Vandervelde, professeur à l'Université nouvelle de Bruxelles.

MINISTRES ET HOMMES D'ÉTAT

Chaque volume in-16, 2 fr. 50

Bismarck, par H. Welschinger.
Prim, par H. Léonardon.
Disraëli, par M. Courcelle.
Ôkoubo, ministre japonais, p r M. Courant.
Chamberlain, par A. Viallate.

LES MAITRES DE LA MUSIQUE

ÉTUDES D'HISTOIRE ET D'ESTHÉTIQUE

Publiées sous la direction de M. Jean Chantavoine

Chaque volume in-8 de 250 pages environ, 3 fr. 50

Palestrina, par M. Brenet.
J.-S. Bach, par André Pirro.
César Fran, par Vincent d'Indy.

En préparation :

Grétry, par Pierre Aubry. — **Mendelssohn**, par Camille Bellaigue. — **Beethoven**, par Jean Chantavoine. — **Orlande de Lassus**, par Henry Expert. — **Wagner**, par Henri Lichtenberger. — **Berlioz**, par Romain Rolland. — **Rameau**, par L. Laloy. — **Schubert**, par A. Schweitzer. — **Gluck**, par

BIBLIOTHÈQUE D'HISTOIRE CONTEMPORAINE

Volumes in-16 et in-8

EUROPE

Histoire de l'Europe pendant la Révolution française, par *H. de Sybel.* Traduit de l'allemand par Mlle Dosquet. 6 vol. in-8. Chacun. 7 fr.

Histoire diplomatique de l'Europe, de 1815 a 1878, par *Debidour*, 2 vol. in-8. . . . . 18 fr.

La question d'Orient, depuis ses origines jusqu'à nos jours, par *E. Driault*; préface de *G. Monod.* 1 vol. in-8. 3e édit. . . . . 7 fr.

La papauté, par *I. de Dœllenger.* Traduit de l'allemand par *A. Giraud-Teulon.* 1 vol. in-8. . . . . 7 fr.

Questions diplomatiques de 1904, par *A. Tardieu.* 1 vol. in-16. 3 fr. 50

FRANCE

La révolution française, par *H. Carnot.* 1 vol. in-16. Nouv. éd. 3 fr. 50

La théophilanthropie et le culte décadaire (1796-1801), par *A. Mathiez.* 1 vol. in-8. . . . . 12 fr.

Contributions a l'histoire religieuse de la révolution française, par *le même.* 1 vol. in-16. . . . . 3 fr. 50

Condorcet et la révolution française, par *L. Cahen.* 1 vol. in-8. 10 fr.

Le culte de la raison et le culte de l'être suprême (1793-1794). Étude historique, par *A. Aulard.* 2e éd. 1 vol. in-16. . . . . 3 fr. 50

Études et leçons sur la révolution française, par *A. Aulard.* 4 vol. in-16. Chacun . . . . 3 fr. 50

Variétés révolutionnaires, par *M. Pellet.* 3 vol. in-16. Chacun 3 fr. 50

Hommes et choses de la Révolution, par *Eug. Spuller.* 1 vol. in-16. . . . . 3 fr. 50

Les campagnes des armées françaises (1792-1815), par *C. Vallaux.* 1 vol. in-16, avec 17 cartes. . . . . 3 fr. 50

La politique orientale de Napoléon (1806-1808), par *E. Driault.* 1 vol. in-8. . . . . 7 fr.

Napoléon et la société de son temps, par *P. Bondois.* 1 vol. in-8. 7 fr.

De Waterloo a Sainte-Hélène (20 juin-16 oct. 1815), par *J. Silvestre.* 1 vol. in-16. . . . . 3 fr. 50

Histoire de dix ans (1830-1840), par *Louis Blanc.* 5 vol. in-8. Chacun. 5 fr.

Associations et sociétés secrètes sous la deuxième république (1848-1851), par *J. Tchernoff.* 1 vol. in-8.. . . . . 7 fr.

Histoire du second empire (1848-1870), par *Taxile Delord.* 6 vol. in-8. Chacun . . . . 7 fr.

Histoire du parti républicain (1814-1870), par *G. Weill.* 1 v. in-8. 10 fr.

Histoire du mouvement social (1852-1902), par *le même.* 1 v. in-8. 7 fr.

La campagne de l'Est (1870-71), par *Poullet.* 1 vol. in-8 avec cartes. 7 fr.

Histoire de la troisième république, par *E. Zevort*:

I. *Présidence de M. Thiers.* 1 vol. in-8. 2e édit. . . . . 7 fr.
II. *Présidence du Maréchal.* 1 vol. in-8. 2e édit. . . . . 7 fr.
III. *Présidence de Jules Grévy.* 1 vol. in-8. 2e édit. . . . 7 fr.
IV. *Présidence de Sadi-Carnot.* 1 vol. in-8. . . . . . . 7 fr.

Histoire des rapports de l'Eglise et de l'Etat en France (1789-1870), par *A. Debidour.* 1 vol. in-8 (*Couronné par l'Institut*). . . . 12 fr.

L'Eglise catholique et l'État en France (1870-1906), par *le même.* Tome I, 1870-1889, 1 vol. in-8.. . . . . 7 fr.

L'Etat et les Eglises en France, Des origines à la loi de séparation, par *J.-L. de Lanessan*, 1 vol. in-16. . . . . 3 fr. 50

La société française sous la troisième république, par *Marius-Ary Leblond.* 1 vol. in-8. 5 fr.

Histoire de la liberté de conscience en France (1595-1870), par *G. Bonet-Maury.* 1 vol. in-8. . . . . 5 fr.

Les civilisations tunisiennes (Musulmans, Israélites, Européens), par *Paul Lapie.* 1 vol. in-16. . . . . 3 fr. 50

La France politique et sociale, par *Aug. Laugel.* 1 vol. in-8. 5 fr.
Les colonies françaises, par *P. Gaffarel.* 1 vol. in-8. 6e éd. . . 5 fr.
La France hors de France. *Notre émigration, sa nécessité, ses conditions*, par *J.-B. Piolet.* 1 vol. in-8 . . . . 10 fr.
L'Indo-Chine française, étude économique, politique et administrative sur *la Cochinchine, le Cambodge, l'Annam* et *le Tonkin* (Médaille Dupleix de la Société de Géographie commerciale), par *J.-L. de Lanessan.* 1 vol. in-8, avec 5 cartes en couleurs. . . . . 15 fr.
L'Algérie, par *M. Wahl.* 1 vol. in-8. 4e édition, revue par *A. Bernard.* (Ouvrage couronné par l'Institut). . . . . 5 fr.

ANGLETERRE

Histoire contemporaine de l'Angleterre, depuis la mort de la reine Anne jusqu'à nos jours, par *H. Reynald.* 1 vol. in-16. 2e éd. 3 fr. 50
Lord Palmerston et lord Russell, par *Aug. Laugel.* 1 vol. in-16. 3 fr. 50
Le socialisme en Angleterre, par *Albert Métin.* 1 vol. in-16. 3 fr. 50
Histoire gouvernementale de l'Angleterre (1770-1830), par *Cornewal Lewis.* 1 vol. in-8 . . . . 7 fr.

ALLEMAGNE

Le grand-duché de Berg (1806-1813), par *Ch. Schmidt.* 1 vol. in-8.. 10 fr.
Histoire de la Prusse, depuis la mort de Frédéric II jusqu'à la bataille de Sadowa, par *Eug. Véron.* 1 vol. in-18. 6e éd., revue par *Paul Bondois* . . . . 3 fr. 50
Histoire de l'Allemagne, depuis la bataille de Sadowa jusqu'à nos jours, par *Eug. Véron.* 1 vol. in-18. 3e éd., continuée jusqu'en 1892, par *Paul Bondois* . . . . 3 fr. 50
Le socialisme allemand et le nihilisme russe, par *J. Bourdeau.* 1 vol. in-16. 2e édition. 3 fr. 50
Les origines du socialisme d'état en Allemagne, par *Ch. Andler.* 1 vol. in-8. . . . . 7 fr.
L'Allemagne nouvelle et ses historiens (*Niebuhr, Ranke, Mommsen, Sybel, Treitschke*), par *A. Guilland.* 1 vol. in-8 . . . . 5 fr.
La démocratie socialiste allemande, par *Edg. Milhaud.* 1 vol. in-8 . . . . 10 fr.
La Prusse et la Révolution de 1848, par *P. Matter.* 1 vol. in-16 . . . . 3 fr. 50
Bismarck et son temps, par *le même.* I. *La préparation* (1815-1862), 1 vol. in-8, 10 fr. — II. *L'action* (1863-1870), 1 vol. in-8 . . . . 10 fr.

AUTRICHE-HONGRIE

Les Tchèques et la Bohême contemporaine, par *J. Bourlier.* 1 vol. in-16. . . . . 3 fr. 50
Les races et les nationalités en Autriche-Hongrie, par *B. Auerbach*, 1 vol. in-8 . . . . 5 fr.
Le pays magyar, par *R. Recouly.* 1 vol. in-16. . . . . 3 fr. 50

ESPAGNE

Histoire de l'Espagne, depuis la mort de Charles III jusqu'à nos jours, par *H. Reynald.* 1 vol. in-16 . . . . 3 fr. 50

SUISSE

Histoire du peuple suisse, par *Daendliker*; précédée d'une Introduction par *Jules Favre.* 1 vol. in-8. . . . . 5 fr.

AMÉRIQUE

Histoire de l'Amérique du Sud, par *Alf. Deberle.* 1 vol. in-16. 3e éd., revue par *A. Milhaud.* . . . . 3 fr. 50

ITALIE

Histoire de l'unité italienne (1814-1871), par *Bolton King.* Traduit de l'anglais par *Macquart*; introduction de *Yves Guyot.* 2 vol. in-8. 15 fr.
Histoire de l'Italie, depuis 1815 jusqu'à la mort de Victor-Emmanuel, par *E. Sorin.* 1 vol. in-16 . . . . 3 fr. 50

Bonaparte et les républiques italiennes (1796-1799), par *P. Gaffarel*. 1 vol. in-8 . . . . 5 fr.

Napoléon en Italie (1800-1812), par *J.-E. Driault*. 1 vol. in-8. . 10 fr.

ROUMANIE

Histoire de la Roumanie contemporaine (1822-1900), par *Fr. Damé*. 1 vol. in-8. . . . . 7 fr.

GRÈCE et TURQUIE

La Turquie et l'hellénisme contemporain, par *V. Bérard*. 1 vol. in-16. 4e éd. (*Ouvrage couronné par l'Académie française*) . . . . 3 fr. 50

Bonaparte et les îles Ioniennes (1797-1816), par *E. Rodocanachi*. 1 vol. in-8. . . . . 5 fr.

INDE

L'Inde contemporaine et le mouvement national, par *E. Piriou*. 1 vol. in-16 . . . . 3 fr. 50

CHINE

Histoire des relations de la Chine avec les puissances occidentales (1861-1902), par *H. Cordier*. 3 vol. in-8, avec cartes. . . . . . 30 fr.

L'expédition de Chine de 1857-58, par *le même*. 1 vol. in-8. . . 7 fr.

L'expédition de Chine de 1860, par *le même*. 1 vol. in-8. . . . . 7 fr.

En Chine. *Mœurs et institutions. Hommes et faits*, par *Maurice Courant*. 1 vol. in-16 . . . . 3 fr. 50

Le drame chinois (Juillet-Aout 1900), par *Marcel Monnier*. 1 vol. in-16. . . . . 2 fr. 50

ÉGYPTE

La transformation de l'Égypte, par *Alb. Métin*. 1 vol. in-16. 3 fr. 50

Paul Louis. L'ouvrier devant l'état. 1 vol. in-8. . . . . . 7 fr.

E. Driault. Les problèmes politiques et sociaux a la fin du xixe siècle. 1 vol. in-8. . . . . 7 fr.

Louis Blanc. Discours politiques (1848-1881). 1 vol. in-8. 7 fr. 50

Jules Barni. Les moralistes français au xviiie siècle. 1 vol. in-16 . . . . 3 fr. 50

Deschanel (E.). Le peuple et la bourgeoisie. 1 vol. in-8. 2e éd. 5 fr.

E. de Laveleye. Le socialisme contemporain. 1 volume in-16. 11e édition, augmentée. . . . . 3 fr. 50

E. Despois. Le vandalisme révolutionnaire. 1 vol. in-16. 4e éd. 3 fr. 50

Du Casse. Les rois frères de Napoléon Ier. 1 vol. in-8. . 10 fr.

Eug. Spuller. Figures disparues, portraits contemporains, littéraires et politiques. 3 vol. in-16, chaque volume. . . . . 3 fr. 50

J. Reinach. La France et l'Italie devant l'histoire. 1 vol. in-8. 5 fr.

Eug. Spuller. L'éducation de la démocratie. 1 vol. in-16. 3 fr. 50

Eug. Spuller. L'évolution politique et sociale de l'église. 1 vol. in-16 . . . . 3 fr. 50

G. Schefer. Bernadotte roi (1810-1818-1844). 1 vol. in-8. . 5 fr.

Hector Depasse. Transformations sociales. 1 vol. in-16. 3 fr. 50

Hector Depasse. Du travail et de ses conditions. 1 vol. in-16. . . . . 3 fr. 50

Eug. d'Eichthal. Souveraineté du peuple et gouvernement. 1 vol. in-16. . . . . 3 fr. 50

G. Isambert. La vie a Paris pendant une année de la révolution (1791-1792). 1 vol. in-16. . . . . 3 fr. 50

Novicow. La politique internationale. 1 vol. in-8. . . . . 7 fr.

G. Weill. L'école saint-simonienne. 1 vol. in-16 . . 3 fr. 50

A. Lichtenberger. Le socialisme utopique. 1 vol. in-16. 3 fr. 50

— Le socialisme et la révolution française. 1 v. in-8. 5 fr.

Paul Matter. La dissolution des assemblées parlementaires. 1 vol. in-8. . . . . 5 fr.

J. Bourdeau. L'évolution du socialisme. 1 vol. in-16. . . 3 fr. 50

BIBLIOTHÈQUE UTILE

Élégants volumes in-32, de 192 pages chacun.

Chaque volume broché, **60** *cent.; cartonné,* **1** *franc. Franco par poste.*

---

1. **Morand.** Introduction à l'étude des sciences physiques. 6e éd.
2. **Cruveilhier.** Hygiène générale. 9e édit.
3. **Corbon.** De l'enseignement professionnel. 4e édit.
4. **L. Pichat.** L'art et les artistes en France. 5e édit.
5. **Buchez.** Les Mérovingiens. 6e éd.
6. **Buchez.** Les Carlovingiens. 2e éd.
7. (*Épuisé.*)
8. **Bastide.** Luttes religieuses des premiers siècles. 5e édit.
9. **Bastide.** Les guerres de la Réforme. 5e édit.
10. (*Epuisé.*)
11. **Brothier.** Histoire de la terre. 9e éd.
12. **Bouant.** Les principaux faits de la chimie (avec fig.).
13. **Turck.** Médecine populaire. 6e édit.
14. **Morin.** La loi civile en France. 5e édit.
15. **Paul Louis.** Les lois ouvrières.
16. **Ott.** L'Inde et la Chine.
17. **Catalan.** Notions d'astronomie. 6e édit.
18. (*Epuisé.*)
19. **V. Meunier.** Philosophie zoologique. 3e édit.
20. **J. Jourdan.** La justice criminelle en France. 4e édit.
21. **Ch. Rolland.** Histoire de la maison d'Autriche. 4e édit.
22. **Eug. Despois.** Révolution d'Angleterre. 4e édit.
23. **B. Gastineau.** Les génies de la science et de l'industrie. 2e éd.
24. **Leneveux.** Le budget du foyer.
25. **L. Combes.** La Grèce ancienne. 4e édit.
26. **F. Lock.** Histoire de la Restauration. 5e édit.
27. (*Epuisé.*)
28. (*Epuisé.*)
29. **L. Collas.** Histoire de l'empire ottoman. 3e édit.
30. **F. Zurcher.** Les phénomènes de l'atmosphère. 7e édit.
31. **E. Raymond.** L'Espagne et le [illegible]
32. **Eugène Noël.** Voltaire et Rousseau. 4e édit.
33. **A. Ott.** L'Asie occidentale et l'Egypte. 3e édit.
34. (*Épuisé.*)
35. **Enfantin.** La vie éternelle. 6e éd.
36. **Brothier.** Causeries sur la mécanique. 5e édit.
37. **Alfred Doneaud.** Histoire de la marine française. 4e édit.
38. **F. Lock.** Jeanne d'Arc. 3e édit.
39-40. **Carnot.** Révolution française, 2 vol. 7e édit.
41. **Zurcher et Margollé.** Télescope et microscope. 2e édit.
42. **Blerzy.** Torrents, fleuves et canaux de la France. 3e édit.
43. **Secchi, Wolf, Briot et Delaunay.** Le soleil et les étoiles. 5e édit.
44. **Stanley Jevons.** L'économie politique. 9e édit.
45. **Ferrière.** Le darwinisme. 8e éd.
46. **Leneveux.** Paris municipal. 2e éd.
47. **Bolllot.** Les entretiens de Fontenelle sur la pluralité des mondes.
48. **Zevort (Edg.).** Histoire de Louis-Philippe. 4e édit.
49. (*Epuisé.*)
50. **Zaborowski.** L'origine du langage. 5e édit.
51. **H. Blerzy.** Les colonies anglaises.
52. **Albert Lévy.** Histoire de l'air (avec fig.). 4e édit.
53. **Geikie.** La géologie (avec fig.). 4e édit.
54. **Zaborowski.** Les migrations des animaux. 3e édit.
55. **P. Paulhan.** [illegible] physiologie de l'esprit. [illegible] édit. refondue.
56. **Zurcher et** [illegible]**ollé.** Les phénomènes c[illegible]tes. 3e édit.
57. **Girard de Rialle.** Les peuples de l'Afrique et de l'Amérique. 2e éd.
58. **Jacques Bertillon.** La statistique humaine de la France.
59. **Paul Gaffarel.** La défense nationale en 1792. 2e édit.
60. **Herbert Spencer.** De l'éduca-

61. **Jules Barni**. Napoléon Ier. 3e édit.
62. (*Épuisé*.)
63. **P. Bondois**. L'Europe contemporaine (1789-1879). 2e édit.
64. **Grove**. Continents et océans. 3e éd.
65. **Jouan**. Les îles du Pacifique.
66. **Robinet**. La philosophie positive. 6e édit.
67. **Renard**. L'homme est-il libre? 5e édit.
68. **Zaborowski**. Les grands singes.
69. **Hatin**. Le Journal.
70. **Girard de Rialle**. Les peuples de l'Asie et de l'Europe.
71. **Doneaud**. Histoire contemporaine de la Prusse. 2e édit.
72. **Dufour**. Petit dictionnaire des falsifications. 4e édit.
73. **Henneguy**. Histoire de l'Italie depuis 1815.
74. **Leneveux**. Le travail manuel en France. 2e édit.
75. **Jouan**. La chasse et la pêche des animaux marins.
76. **Regnard**. Histoire contemporaine de l'Angleterre.
77. **Bouant**. Hist. de l'eau (avec fig.).
78. **Jourdy**. Le patriotisme à l'école.
79. **Mongredien**. Le libre-échange en Angleterre.
80. **Creighton**. Histoire romaine (avec fig.).
81-82. **P. Bondois**. Mœurs et institutions de la France. 2 vol. 2e éd.
83. **Zaborowski**. Les mondes disparus (avec fig.). 3e édit.
84. **Debidour**. Histoire des rapports de l'Eglise et de l'Etat en France (1789-1871). Abrégé par DUBOIS et SARTHOU.
85. **H. Beauregard**. Zoologie générale (avec fig.).
86. **Wilkins**. L'antiquité romaine (avec fig.). 2e édit.
87. **Maigne**. Les mines de la France et de ses colonies.
88. (*Épuisé*.)
89. **E. Amigues**. A travers le ciel.
90. **H. Gossin**. La machine à vapeur (avec fig.).
91. **Gaffarel**. Les frontières françaises. 2e édit.
92. **Dallet**. La navigation aérienne (avec fig.).
93. **Collier**. Premiers principes des beaux-arts (avec fig.).
94. **A. Larbalétrier**. L'agriculture française (avec fig.).
95. **Gossin**. La photographie (fig.).
96. **F. Genevoix**. Les matières premières.
97. **Faque**. L'Indo-Chine française.
98. **Monin**. Les maladies épidémiques (avec fig.).
99. **Petit**. Économie rurale et agricole.
100. **Mahaffy**. L'antiquité grecque (avec fig.).
101. **Bère**. Hist. de l'armée française.
102. **F. Genevoix**. Les procédés industriels.
103. **Quesnel**. Histoire de la conquête de l'Algérie.
104. **A. Coste**. Richesse et bonheur.
105. **Joyeux**. L'Afrique française (avec fig.).
106. **G. Mayer**. Les chemins de fer (avec fig.).
107. **Ad. Coste**. Alcoolisme ou épargne. 4e édit.
108. **Ch. de Larivière**. Les origines de la guerre de 1870.
109. **Gérardin**. Botanique générale (avec fig.).
110. **D. Bellet**. Les grands ports maritimes de commerce (avec fig.).
111. **H. Coupin**. La vie dans les mers (avec fig.).
112. **A. Larbalétrier**. Les plantes d'appartement (avec fig.).
113. **A. Milhaud**. Madagascar. 2e éd.
114. **Sérieux et Mathieu**. L'Alcool et l'alcoolisme. 2e édit.
115. **Dr J. Laumonier**. L'hygiène de la cuisine.
116. **Adrien Berget**. La viticulture nouvelle. 3e éd.
117. **A. Acloque**. Les insectes nuisibles (avec fig.).
118. **G. Meunier**. Histoire de la littérature française. 2e éd.
119. **P. Merklen**. La Tuberculose; son traitement hygiénique.
120. **G. Meunier**. Histoire de l'art (avec fig.).
121. **Larrivé**. L'assistance publique.
122. **Adrien Berget**. La pratique des vins.
123. **A. Berget**. Les vins de France. (*Guide du consommateur.*)
124. **Vaillant**. Petite chimie de l'agriculteur.
125. **S. Zaborowski**. L'homme préhistorique. 7e édit.

BIBLIOTHÈQUE
DE PHILOSOPHIE CONTEMPORAINE

VOLUMES IN-16.

Br., 2 fr. 50; cart. à l'angl., 3 fr.; reliés, 4 fr.

Alaux.
Philosophie de Victor Cousin.

R. Allier.
Philosophie d'Ernest Renan. 3e éd.

L. Arréat.
La morale dans le drame. 2e édit.
Mémoire et imagination.
Les croyances de demain.
Dix ans de philosophie (1890-1900).
Le sentiment religieux en France.

G. Ballet.
Langage intérieur et aphasie. 2e éd.

A. Bayet.
La morale scientifique.

Bergson.
Le rire. 4e édit.

Ernest Bersot.
Libre philosophie.

Binet.
Psychologie du raisonnement. 3e éd.

Hervé Blondel.
Les approximations de la vérité.

C. Bos.
Psychologie de la croyance. 2e éd.

M. Boucher.
Essai sur l'hyperespace. 2e éd.

C. Bouglé.
Les sciences sociales en Allemagne.

J. Bourdeau.
Les maîtres de la pensée contemporaine. 4e éd.
Socialistes et sociologues.

E. Boutroux.
Conting. des lois de la nature. 5e éd.

Brunschvicg.
Introduction à la vie de l'esprit. 2e éd.

Carus.
La conscience du moi.

Coste.
Dieu et l'âme. 2e édit.

A. Cresson.
Le malaise de la pensée philosophique.
La morale de Kant. 2e éd.

G. Danville.
Psychologie de l'amour. 3e édit.

L. Dauriac.
La psychol. dans l'Opéra français.

Delbœuf.
Matière brute et matière vivante.

L. Dugas.
Psittacisme et pensée symbolique.
La timidité. 3e édit.
Psychologie du rire.
L'absolu.

Dunan.
Théorie psychologique de l'espace.

Duprat.
Les causes sociales de la folie.
Le mensonge.

Durand (DE GROS).
Philosophie morale et sociale.

E. Durkheim.
Les règles de la méthode sociologique. 3e édit.

E. d'Eichthal.
Correspondance inédite de J. Stuart Mill avec G. d'Eichthal.
Les probl. sociaux et le socialisme.

Encausse (PAPUS).
L'occultisme et le spiritualisme. 2e édit.

A. Espinas.
La philosophie expérimentale en Italie.

E. Faivre.
De la variabilité des espèces.

Ch. Féré.
Sensation et mouvement. 2e édit.
Dégénérescence et criminalité. 3e éd.

E. Ferri.
Les criminels dans l'art et la littérature. 2e édit.

Fierens-Gevaert.
Essai sur l'art contemporain. 2e éd.
La tristesse contemporaine. 4e éd.
Psychologie d'une ville. Essai sur Bruges. 2e édit.
Nouveaux essais sur l'art contemp.

M. de Fleury.
L'âme du criminel.

Fonsegrive.
La causalité efficiente.

A. Fouillée.
La propriété sociale et la démocratie. Nouv. éd.

E. Fournière.
Essai sur l'individualisme.

Ad. Franck.
Philosophie du droit pénal. 5e édit.
Des rapports de la religion et de l'État. 2e édit.
La philosophie mystique en France au XVIIIe siècle.

Gauckler.
Le beau et son histoire.

E. Goblot.
Justice et liberté.

J. Grasset.
Les limites de la biologie. 3e édit.

G. de Greef.
Les lois sociologiques. 3e édit.

Guyau.
La genèse de l'idée de temps. 2e éd.

E. de Hartmann.
La religion de l'avenir. 5e édition.
Le Darwinisme. 7e édition.

R. C. Herckenrath.
Probl. d'esthétique et de morale.

Marie Jaëll.
L'intelligence et le rythme dans les mouvements artistiques.

W. James.
La théorie de l'émotion. 2e édit.

Paul Janet.
La philosophie de Lamennais.

J. Lachelier.
Du fondement de l'induction. 4e éd.

Mme Lampérière.
Le rôle social de la femme.

A. Landry.
La responsabilité pénale.

J.-L. de Lanessan.
Morale des philosophes chinois.

Lange.
Les émotions. 2e édit.

Lapie.
La justice par l'État.

Gustave Le Bon.
Lois psychologiques de l'évolution des peuples. 7e éd.
Psychologie des foules. 11e éd.

Lechalas.
Étude sur l'espace et le temps.

F. Le Dantec.
Le déterminisme biologique. 2e éd.
L'individualité et l'erreur individualiste.
Lamarckiens et darwiniens. 2e éd.

G. Lefèvre.
Obligation morale et idéalisme.

Liard.
Les logiciens anglais contemporains. 4e édition.
Définitions géométriques. 3e édit.

H. Lichtenberger.
La philosophie de Nietzsche. 9e éd.
Aphorismes et fragments choisis de Nietzsche. 2e édit.

Lombroso
L'anthropologie criminelle. 5e éd.
Nouvelles recherches de psychiatrie et d'anthropologie criminelle.
Les applications de l'anthropologie criminelle.

John Lubbock.
Le bonheur de vivre. 2 vol. 8e éd.
L'emploi de la vie. 5e édit.

G. Lyon.
La philosophie de Hobbes.

E. Marguery.
L' [illegible] d'art et l'évolution.

Mariano.
Philosophie contemp. en Italie.

Marion.
J. Locke, sa vie, son œuvre. 2e édit.

Maus.
La justice pénale.

Mauxion.
L'éducation par l'instruction. 2e éd.
Nature et éléments de la moralité.

G. Milhaud.
Essai sur les conditions et les limites de la certitude logique. 2e édit.
Le rationnel.

Mosso.
La peur. 3e éd.
La fatigue intellect. et phys. 4e éd.

E. Murisier.
Les maladies du sentiment religieux. 2e édit.

A. Naville.
Nouvelle classification des sciences. 2e édit.

Max Nordau.
Paradoxes psychologiques. 5e éd.
Paradoxes sociologiques. 4e édit.
Psycho-physiologie du génie et du talent. 4e édit.

Novicow.
L'avenir de la race blanche. 2e édit.

Ossip-Lourié.
Pensées de Tolstoï. 2e édit.
Philosophie de Tolstoï. 2e édit.
La philos. soc. dans le théât. d'Ibsen.
Nouvelles pensées de Tolstoï.
Le bonheur et l'intelligence.

G. Palante.
Précis de sociologie. 3e édit.

W.-R. Paterson (Swift).
L'éternel conflit.
Paulhan.
Les phénomènes affectifs. 2e édit.
J. de Maistre, sa philosophie.
Psychologie de l'invention.
Analystes et esprits synthétiques.
La fonction de la mémoire.
J. Philippe.
L'image mentale.
F. Pillon.
La philosophie de Charles Secrétan.
Mario Pilo.
La psychologie du beau et de l'art.
Ploger.
Le monde physique.
Queyrat.
L'imagination chez l'enfant. 3e édit.
L'abstraction, son rôle dans l'éducation intellectuelle.
Les caractères et l'éducation morale.
La logique chez l'enfant et sa culture. 2e éd.
Les jeux des enfants.
P. Regnaud.
Précis de logique évolutionniste.
Comment naissent les mythes.
G. Renard.
Le régime socialiste. 4e édit.
A. Réville
Dogme de la divinité de Jésus-Christ. 3e éd.
Th. Ribot.
La philos. de Schopenhauer. 10e éd.
Les maladies de la mémoire. 18e éd.
Les maladies de la volonté. 21e éd.
Les maladies de la personnalité. 11e édit.
La psychologie de l'attention. 7e éd.
G. Richard.
Socialisme et science sociale. 2e éd.
Ch. Richet.
Psychologie générale. 6e éd.
De Roberty.
L'inconnaissable.
L'agnosticisme. 2e édit.
La recherche de l'Unité.
Auguste Comte et H. Spencer. 2e éd.
Le bien et le mal.
Psychisme social.
Fondements de l'éthique.
Constitution de l'éthique.
Frédéric Nietzsche.
Roisel.
De la substance.
L'idée spiritualiste. 2e édit.
Roussel-Despierres.
L'idéal esthétique.
Schopenhauer.
Le libre arbitre. 9e édition.
Le fondement de la morale. 8e édit.
Pensées et fragments. 21e édition.
P. Sollier.
Les phénomènes d'autoscopie.
Herbert Spencer.
Classification des sciences. 8e édit.
L'individu contre l'Etat. 6e éd.
Stuart Mill.
Auguste Comte et la philosophie positive. 6e édition.
L'Utilitarisme. 4e édition.
Sully Prudhomme et Ch. Richet.
Le probl. des causes finales. 2e éd.
Tanon.
L'évol. du droit et la conscience soc.
Tarde.
La criminalité comparée. 5e éd.
Les transformations du droit. 2e éd.
Les lois sociales. 2e édit.
Thamin.
Éducation et positivisme. 2e éd.
P.-F. Thomas.
La suggestion, son rôle dans l'éducation intellectuelle. 2e édit.
Morale et éducation.
Tissié.
Les rêves. 2e édit.
Wundt.
Hypnotisme et suggestion.
Zeller.
Christ. Baur et l'école de Tubingue.
Th. Ziegler.
La question sociale est une question morale. 3e éd.
Charles de Rémusat.
Philosophie religieuse.

Derniers volumes publiés :

Arréat.
Art et psychologie individuelle.
L. Brunschvicg.
Lidéalisme comtemporain.
G. Dumas.
Le sourire.
G. Geley.
L'être subconscient. 2e édit.
A. Godfernaux
Le sentiment et la pensée. 2e éd.
Jankelevitch.
Nature et société.
J. Philippe et G. Paul-Boncour.
Les anomalies mentales chez les écoliers.
Schopenhauer.
Ecrivains et style.
Sur la religion.

VOLUMES IN-8.

Brochés, à 5, 7 50 et 10 fr.; cart. angl., 1 fr. de plus par vol.; reliure, 2 fr.

Ch. Adam.
La philosophie en France (première moitié du XIXe siècle). 7 fr. 50

Agassiz.
De l'espèce et des classifications. 5 fr.

Arnold (M.).
La crise religieuse. 7 fr. 50

Arréat.
Psychologie du peintre. 5 fr.

P. Aubry.
La contag. du meurtre. 3e éd. 5 fr.

Alex. Bain.
La logique inductive et déductive. 3e édit. 2 vol. 20 fr.
Les sens et l'intell. 3e édit. 10 fr.

J.-M. Baldwin.
Le développement mental chez l'enfant et dans la race. 7 fr. 50

Barthélemy Saint-Hilaire.
La philosophie dans ses rapports avec les sciences et la religion. 5 fr.

Barzelotti.
La philosophie de H. Taine. 7 fr. 50

Bazaillas.
La vie personnelle.

Bergson.
Essai sur les données immédiates de la conscience. 3e édit. 3 fr. 75
Matière et mémoire. 4e édit. 5 fr.

A. Bertrand.
L'enseignement intégral. 5 fr.
Les études dans la démocratie. 5 fr.

Em. Boirac.
L'idée du phénomène. 5 fr.

Bouglé.
Les idées égalitaires. 3 fr. 75

L. Bourdeau.
Le problème de la mort. 4e éd. 5 fr.
Le problème de la vie. 7 fr. 50

Bourdon.
L'expression des émotions et des tendances dans le langage. 7 fr. 50

Em. Boutroux.
Études d'histoire de la philosophie. 2e édit. 7 fr. 50

L. Bray.
Du beau. 5 fr.

Brochard.
De l'erreur. 2e éd. 5 fr.

Brunschvicg.
Spinoza. 2e édit. 3 fr. 75
La modalité du jugement 5 fr.

Ludovic Carrau.
La philosophie religieuse en Angleterre depuis Locke. 5 fr.

Ch. Chabot.
Nature et moralité. 5 fr.

Clay.
L'alternative. 2e éd. 10 fr.

Collins.
Résumé de la phil. de H. Spencer. 4e éd. 10 fr.

Aug. Comte.
La sociologie. 7 fr. 50

Cosentini.
La sociologie génétique. 3 fr. 75

A. Coste.
Principes d'une sociol. obj. 3 fr. 75
L'expérience des peuples. 10 fr.

Crépieux-Jamin.
L'écriture et le caractère. 4e éd. 7.50

A. Cresson.
Morale de la raison théorique. 5 fr.

Dauriac.
Essai sur l'esprit musical. 5 fr.

Delbos.
Philos. pratique de Kant. 7 fr. 50

Devaule.
Condillac et la psychologie anglaise contemporaine. 5 fr.

Draghicesco
Rôle de l'individu dans le déterminisme social. 7 fr. 50

G. Dumas.
La tristesse et la joie. 7 fr. 50
Deux messies positivistes. St-Simon et Auguste Comte. 5 fr.

G.-L. Duprat.
L'instabilité mentale. 5 fr.

Duproix.
Kant et Fichte et le problème de l'éducation. 2e édit. 5 fr.

Durand (de Gros).
Taxinomie générale. 5 fr.
Esthétique et morale. 5 fr.
Variétés philosophiques. 2e éd. 5 fr.

E. Durkheim.
De la div. du trav. soc. 2e éd. 7 fr. 50
Le suicide, étude sociolog. 7 fr. 50

L'année sociologique. 7 volumes : 1re à 5e années. Chacune. 10 fr.
6e à 9e. Chacune. 12 fr. 50

V. Egger.
La parole intérieure. 2e éd. 5 fr.

A. Espinas.
La philosophie sociale au XVIIIe siècle et la Révolution. 7 fr. 50

G. Ferrero.
Les lois psychologiques du symbolisme. 5 fr.

Enrico Ferri.
La sociologie criminelle. 10 fr.

Louis Ferri.
La psychologie de l'association, depuis Hobbes. 7 fr. 50

J. Finot.
Le préjugé des races, 2e éd. 7 fr. 50

Flint.
La philosophie de l'histoire en Allemagne. 7 fr. 50

Fonsegrive.
Le libre arbitre. 2e éd. 10 fr.

M. Foucault.
La psychophysique. 7 fr. 50

Alf. Fouillée.
Le rêve. 5 fr.
Liberté et déterminisme. 4e éd. 7 fr. 50
Critique des systèmes de morale contemporains. 4e éd. 7 fr. 50
La morale, l'art et la religion, d'après Guyau. 5e éd. 3 fr. 75
L'avenir de la métaphysique fondée sur l'expérience. 2e éd. 5 fr.
L'évolutionnisme des idées-forces. 4e éd. 7 fr. 50
La psychologie des idées-forces. 2 vol. 15 fr.
Tempérament et caractère. 3e édit. 7 fr. 50
Le mouvement idéaliste. 2e éd. 7 fr. 50
Le mouvement positiviste. 2e éd. 7.50
Psych. du peuple français. 3e éd. 7.50
La France au point de vue moral. 2e édit. 7 fr. 50
Esquisse psychologique des peuples européens. 3e édit. 10 fr.
Nietzsche et l'immoralisme. 2e éd. 5 fr.
Le moralisme de Kant et l'amoralisme contemporain. 2e éd. 7 fr. 50
Les éléments sociologiques de la morale. 7 fr. 50

E. Fournière.
Théories social. au XIXe siècle. 7 fr. 50

G. Fulliquet.
Sur l'obligation morale. 7 fr. 50

Garofalo.
La criminologie. 5e édit. 7 fr. 50
La superstition socialiste. 5 fr.

L. Gérard-Varet.
L'ignorance et l'irréflexion. 5 fr.

E. Gley.
Études de psycho-physiologie. 5 fr.

E. Goblot.
La classification des sciences. 5 fr.

G. Gory.
L'immanence de la raison dans la connaissance sensible. 5 fr.

R. de la Grasserie.
De la psychologie des religions. 5 fr.

G. de Greef.
Le transformisme social. 2e éd. 7 fr. 50
La sociologie économique. 3 fr. 75

K. Groos.
Les jeux des animaux. 7 fr. 50

Gurney, Myers et Podmore
Les halluciu. télépath. 4e éd. 7 fr. 50

Guyau.
La morale angl. cont. 5e éd. 7 fr. 50
Les problèmes de l'esthétique contemporaine. 6e éd. 5 fr.
Esquisse d'une morale sans obligation ni sanction. 7e éd. 5 fr.
L'irréligion de l'avenir. 10e éd. 7 fr. 50
L'art au point de vue sociologique. 7e éd. 7 fr. 50
Hérédité et éducation. 8e éd. 5 fr.

E. Halévy.
La form. du radicalisme philos.
I. *La jeunesse de Bentham.* 7 fr. 50
II. *Evol. de la doctr. utilitaire*, 1789-1815. 7 fr. 50
III. *Le radicalisme philos.* 3 fr. 50

Hannequin.
L'hypoth. des atomes. 2e éd. 7 fr. 50

P. Hartenberg.
Les timides et la timidité. 2e éd. 5 fr.

Hébert.
Evolut. de la foi catholique. 5 fr.

G. Hirth.
Physiologie de l'art. 5 fr.

H. Hoffding.
Esquisse d'une psychologie fondée sur l'expérience. 2e édit. 7 fr. 50

. Isambert.
Les idées socialistes en France. (1815-1848). 7 fr. 50

Jacoby.
La sélect. chez l'homme. 2e éd. 10 fr.

Paul Janet.

Les causes finales. 4e édit. 10 fr.
Œuvres phil. de Leibniz. 2e édition. 2 vol. 20 fr.

Pierre Janet.

L'automatisme psychol. 4e éd. 7 fr. 50

J. Jaurès.

Réalité du monde sensible. 2e édit. 7 fr. 50

Karppe.

Études d'histoire de philosophie. 3 fr. 75

A. Lalande.

La dissolution opposée à l'évolution. 7 fr. 50

A. Landry.

Principes de morale rationnelle. 5 fr.

De Lanessan.

La morale des religions. 10 fr.

Lang.

Mythes, cultes et religions. 10 fr.

P. Lapie.

Logique de la volonté. 7 fr. 50

Lauvrière.

Edgar Poë. Sa vie. Son œuvre. 10 fr.

E. de Laveleye.

De la propriété et de ses formes primitives. 5e édit. 10 fr.
Le gouvernement dans la démocratie. 3e éd. 2 vol. 15 fr.

Gustave Le Bon.

Psych. du socialisme. 4e éd. 7 fr. 50

G. Lechalas.

Études esthétiques. 5 fr.

Lechartier.

David Hume, moraliste et sociologue. 5 fr.

Leclère.

Le droit d'affirmer. 5 fr.

F. Le Dantec.

L'unité dans l'être vivant. 7 fr. 50
Les limites du connaissable. 2e éd. 3 fr. 75

X. Léon.

La philosophie de Fichte. 10 fr.

Leroy (E.-B.)

Le langage. 5 fr.

A. Lévy.

La philosophie de Feuerbach. 10 fr.

L. Lévy-Bruhl.

La philosophie de Jacobi. 5 fr.
Lettres inédites de J. Stuart Mill à Auguste Comte. 10 fr.
La philos. d'Aug. Comte. 2e éd. 7 fr. 50
La morale et la science des mœurs. 2e éd. 5 fr.

Liard.

La science positive et la métaphysique. 4e édit. 7 fr. 50
Descartes. 2e édit. 5 fr.

H. Lichtenberger.

Richard Wagner, poète et penseur. 3e édit. 10 fr.
Henri Heine penseur. 3 fr. 75

Lombroso.

La femme criminelle et la prostituée (en collab. avec M. Ferrero). 1 vol. avec planches. 15 fr.
Le crime polit. et les révol. (en collab. avec M. Laschi). 2 vol. 15 fr.
L'homme criminel. 3e édit. 2 vol., avec atlas. 36 fr.

É. Lubac.

Esquisse d'un système de psychol. rationnelle. 3 fr. 75

G. Lyon.

L'idéalisme en Angleterre au XVIIIe siècle. 7 fr. 50

P. Malapert.

Les éléments du caractère. 2e éd. 5 fr.

Marion.

La solidarité morale. 6e édit. 5 fr.

Fr. Martin.

La perception extérieure et la science positive. 5 fr.

J. Maxwell.

Les phénomènes psych. 3e éd. 5 fr.

Max Muller.

Nouv. études de mythol. 12 fr. 50

Myers.

La personnalité humaine. 2e éd. 7.50

E. Naville.

La logique de l'hypothèse. 2e éd. 5 fr.
La définition de la philosophie. 5 fr.
Les philosophies négatives. 5 fr.
Le libre arbitre. 2e édition. 5 fr.

Max Nordau.

Dégénérescence. 2 v. 6e éd. 17 fr. 50
Les mensonges conventionnels de notre civilisation. 9e éd. 5 fr.
Vus du dehors. 5 fr.

Novicow.

Les luttes entre sociétés humaines. 2e édit. 10 fr.
Les gaspillages des sociétés modernes. 2e édit. 5 fr.
La justice et l'extension de la vie. 7 fr. 50

H. Oldenberg.
Le Bouddha, 2e éd. 7 fr. 50
La religion du Véda. 10 fr.

Ossip-Lourié.
La philosophie russe contemp. 5 fr.
Psychol. des romanciers russes au XIXe siècle. 7 fr. 50

Ouvré.
Form. littér. de la pensée grecq. 10 fr.

G. Palante.
Combat pour l'individu. 3 fr. 75

Fr. Paulhan.
L'activité mentale et les éléments de l'esprit. 10 fr.
Les caractères. 2e édition. 5 fr.
Les mensonges du caractère. 5 fr.

Payot.
L'éducation de la volonté. 21e éd. 5 fr.
La croyance. 2e éd. 5 fr.

Jean Pérès.
L'art et le réel. 3 fr. 75

Bernard Perez.
Les trois premières années de l'enfant. 5e édit. 5 fr.
L'éd. mor. dès le berceau. 4e éd. 5 fr.
L'éd. intell. dès le berceau. 2e éd. 5 fr.

C. Piat.
La personne humaine. 7 fr. 50
Destinée de l'homme. 5 fr.

Picavet.
Les idéologues. 10 fr.

Piderit.
La mimique et la physiognomonie, avec 95 fig. 5 fr.

Pillon.
L'année philosophique. 15 vol. chacun. 5 fr.

J. Ploger.
La vie et la pensée. 5 fr.
La vie sociale, la morale et le progrès. 5 fr.

Preyer.
Éléments de physiologie. 5 fr.

L. Proal.
Le crime et la peine. 3e éd. 10 fr.
La criminalité politique. 5 fr.
Le crime et le suicide passionnels. 10 fr.

F. Rauh.
De la méthode dans la psychologie des sentiments. 5 fr.
L'expérience morale. 3 fr. 75

Récéjac.
La connaissance mystique. 5 fr.

Renard.
La méthode scientifique de l'histoire littéraire. 10 fr.

Renouvier.
Les dilem. de la métaph. pure. 5 fr.
Hist. et solut. des problèmes métaphysiques. 7 fr. 50
Le personnalisme. 10 fr.

Th. Ribot.
L'hérédité psycholog. 5e éd. 7 fr. 50
La psychologie anglaise contemporaine. 3e éd. 7 fr. 50
La psychologie allemande contemporaine. 4e éd. 7 fr. 50
La psych. des sentim. 5e éd. 7 fr. 50
L'évol. des idées générales. 2e éd. 5 fr.
L'imagination créatrice. 2e éd. 5 fr.
La logique des sentiments. 3 fr. 75

Ricardou.
De l'idéal. 5 fr.

G. Richard.
L'idée d'évolution dans la nature et dans l'histoire. 7 fr. 50

E. de Roberty.
Ancienne et nouvelle philos. 7 fr. 50
La philosophie du siècle. 5 fr.
Nouveau programme de sociol. 5 fr.

Romanes.
L'évol. ment. chez l'homme. 7 fr. 50

Ruyssen.
Évolut. psychol. du jugement. 5 fr.

A. Sabatier.
Philosophie de l'effort. 7 fr. 50

Emile Saigey.
Les sciences au XVIIIe siècle. La physique de Voltaire. 5 fr.

G. Saint-Paul.
Le langage intérieur et les paraphasies. 5 fr.

E. Sanz y Escartin.
L'individu et la réforme sociale. 7 fr. 50

Schopenhauer.
Aphorisme sur la sagesse dans la vie. 7e éd. 5 fr.
Le monde comme volonté et représentation. 3e éd. 3 vol. 22 fr. 50

Séailles.
Ess. sur le génie dans l'art. 2e éd. 5 fr.
Philosoph. de Renouvier. 7 fr. 50

Sighele.
La foule criminelle. 2e édit. 5 fr.

Sollier.

Psychologie de l'idiot et de l'imbécile. 2e éd. 5 fr.
Le problème de la mémoire. 3 fr. 75
Le mécanisme des émotions. 5 fr.

Souriau.

L'esthétique du mouvement. 5 fr.
La suggestion dans l'art. 5 fr.
La beauté rationnelle. 10 fr.

Spencer (Herbert).

Les premiers principes. 9e éd. 10 fr.
Principes de psychologie. 2 vol. 20 fr.
Princip. de biologie. 5e éd. 2 v. 20 fr.
Princip. de sociol. 5 vol. 43 fr. 75
I. *Données de la sociologie*, 10 fr. — II. *Inductions de la sociologie. Relations domestiques*, 7 fr. 50. — III. *Institutions cérémonielles et politiques*, 15 fr. — IV. *Institutions ecclésiastiques*, 3 fr. 75. — V. *Institutions professionnelles*, 7 fr. 50.
Justice. 7 fr. 50
Le rôle moral de la bienfaisance. 7 fr. 50
La morale des différents peuples. 7 fr. 50
Essais sur le progrès. 5e éd. 7 fr. 50
Essais de politique. 4e éd. 7 fr. 50
Essais scientifiques. 3e éd. 7 fr. 50
De l'éducation physique, intellectuelle et morale. 11e édit. 5 fr.

Stein.

La question sociale au point de vue philosophique. 10 fr.

Stuart Mill.

Mes mémoires. 3e éd. 5 fr.
Système de logique déductive et inductive. 4e édit. 2 vol. 20 fr.
Essais sur la religion. 4e édit. 5 fr.

James Sully.

Le pessimisme. 2e éd. 7 fr. 50
Etudes sur l'enfance. 10 fr.
Essai sur le rire. 7 fr. 50

Sully Prudhomme.

La vraie religion selon Pascal. 7 fr. 50

G. Tarde.

La logique sociale. 2e édit. 7 fr. 50
Les lois de l'imitation. 4e éd. 7 fr. 50
L'opposition universelle. 7 fr. 50
L'opinion et la foule. 2e édit. 5 fr.
Psychologie économique. 2 vol. 15 fr.

Em. Tardieu.

L'ennui. 5 fr.

P.-Félix Thomas.

L'éduc. des sentiments. 2e éd. 5 fr.
Pierre Leroux. Sa philosophie. 5 fr.

Thouverez.

Réalisme métaphysique. 5 fr.

Et. Vacherot.

Essais de philosophie critique. 7 fr. 50
La religion. 7 fr. 50

L. Weber.

Vers le positivisme absolu par l'idéalisme. 7 fr. 50

Derniers volumes publiés :

J. Bardoux.

Psychol. de l'Angleterre contemp. 7 fr. 50

A. Binet.

Les révélations de l'écriture. 5 fr.

J. Finot

Philosophie de la longévité. 11e éd. 5 fr.

H. Hoffding.

Hist. de la philos. moderne. 2 v. 20 fr.

P. Lacombe.

Individus et sociétés selon Taine. 7 fr. 50

G. Luquet.

Idées générales de psychol. 5 fr.

J.-P. Nayrac.

L'attention. 3 fr. 75

L. Prat.

Le caractère empirique et la personne. 7 fr. 50

G. Rageot.

Le succès. 3 fr. 75

Ch. Renouvier.

Doctrine de Kant. 7 fr. 50

H. Riemann.

Elém. de l'esthétiq. musicale. 5 fr.

E. Rignano

Transmissibilité des caractères acquis. 5 fr.

Rivaud.

Essence et existence chez Spinoza. 7 fr. 50

P. Stapfer.

Questions esthétiques et religieuses. 3 fr. 75

ÉCONOMIE POLITIQUE — SCIENCE FINANCIÈRE

JOURNAL DES ÉCONOMISTES

REVUE MENSUELLE DE LA SCIENCE ÉCONOMIQUE ET DE LA STATISTIQUE

Fondé en 1841, par G. GUILLAUMIN

Paraît le 15 de chaque mois

par fascicules grand in-8 de 10 à 12 feuilles (180 à 192 pages).

RÉDACTEUR EN CHEF : M. G. DE MOLINARI
Correspondant de l'Institut.

CONDITIONS DE L'ABONNEMENT :

France et Algérie : Un an........ **36** fr.; Six mois....... **19** fr.;
Union postale : Un an............ **38** fr.; Six mois....... **20** fr.
Le numéro................ **3** fr. **50**

Les abonnements partent de Janvier ou de Juillet.

NOUVEAU DICTIONNAIRE
D'ÉCONOMIE POLITIQUE

PUBLIÉ SOUS LA DIRECTION DE

M. LÉON SAY et de M. JOSEPH CHAILLEY-BERT

Deuxième édition.

2 vol. grand in-8 raisin et un Supplément : prix, brochés...... **60** fr.
— — demi-reliure veau ou chagrin.......... **69** fr.

COMPLÉTÉ PAR 3 TABLES : **Tables des auteurs, table méthodique et table analytique.**

Cet important ouvrage peut s'acquérir en envoyant un mandat-poste de 20 fr., au reçu duquel est faite l'expédition du livre, et en payant le reste, soit 40 fr., en quatre traites de 10 fr. chacune, de deux mois en deux mois.

DICTIONNAIRE DU COMMERCE
DE L'INDUSTRIE ET DE LA BANQUE

DIRECTEURS :

MM. Yves GUYOT et Arthur RAFFALOVICH

2 volumes grand in-8. Prix, brochés............................ **50** fr.
— — reliés............................ **58** fr.

Cet important ouvrage peut s'acquérir en envoyant un mandat-poste de 10 fr., au reçu duquel est faite l'expédition du livre, et en payant le reste, soit 40 fr., en quatre traites de 10 fr. chacune, de deux mois en deux mois.

COLLECTION DES PRINCIPAUX ÉCONOMISTES

Enrichie de commentaires, de notes explicatives et de notices historiques

---

ÉCONOMISTES FINANCIERS DU XVIIIe SIÈCLE

Vauban, *Projet d'une dîme royale.* — **Boisguillebert,** *Détail de la France, Factum de la France,* opuscules divers. — **J. Law,** *Œuvres complètes.* — **Melon,** *Essai sur le commerce.* — **Dutot,** *Réflexions politiques sur les finances et le commerce.* — 2e *édition.* 1 vol. grand in-8 . 15 fr.

MALTHUS

Essai sur le principe de population. *Introduction,* par Rossi, de l'Institut. 2e édition. 1 vol. grand in-8. . . . . 10 fr.

MÉLANGES (1re PARTIE)

David Hume. *Essai sur le commerce, le luxe, l'argent, les impôts, le crédit public, sur la balance du commerce, la jalousie commerciale, la population des nations anciennes.* — **V. de Forbonnais.** *Principes économiques.* — **Condillac.** *Le commerce et le gouvernement.* — **Condorcet.** *Lettres d'un laboureur de Picardie à M. N**** (Necker). — *Réflexions sur l'esclavage des nègres.* — *Réflexions sur la justice criminelle.* — *De l'influence de la révolution d'Amérique sur l'Europe.* — *De l'impôt progressif.* — **Lavoisier.** *De la richesse territoriale du royaume de France.* — **Franklin.** *La science du bonhomme Richard* et ses autres opuscules. 1 vol. grand in-8. . . . . 10 fr.

MÉLANGES (2e PARTIE)

Necker. *Sur la législation et le commerce des grains.* — **L'abbé Galiani.** *Dialogues sur le commerce des blés* avec la *Réfutation* de l'abbé **Morellet.** — **Montyon.** *Quelle influence ont les diverses espèces d'impôts sur la moralité, l'activité et l'industrie des peuples?* — **Bentham.** *Défense de l'usure.* 1 vol. gr. in-8. . . . . 10 fr.

RICARDO

Œuvres complètes. Les œuvres de Ricardo se composent : **1° des Principes de l'économie politique et de l'impôt. — 2° Des ouvrages ci-après :** *De la protection accordée à l'agriculture. — Plan pour l'établissement d'une banque nationale. — Essai sur l'influence du bas prix des blés sur les profits du capital. — Proposition pour l'établissement d'une circulation monétaire économique et sûre. — Le haut prix des lingots est une preuve de la dépréciation des billets de banque. — Essai sur les emprunts publics,* avec des *notes.* 1 vol. in-8. . . . . 10 fr.

J.-B. SAY

Cours complet d'économie politique pratique. 2 vol. grand in-8. 20 fr.

J.-B. SAY

Œuvres diverses : *Catéchisme d'économie politique. — Lettres à Malthus et correspondance générale. — Olbie. — Petit volume. — Fragments et opuscules inédits.* 1 vol. grand in-8.. . . . . 10 fr.

ADAM SMITH

Recherches sur la nature et les causes de la richesse des nations, traduction de G. Garnier. 5e édition, augmentée. 2 vol. in-8. . . 16 fr.

COLLECTION DES ÉCONOMISTES
ET PUBLICISTES CONTEMPORAINS

FORMAT IN-8.

BANFIELD, Professeur à l'Université de Cambridge. **Organisation de l'industrie**, traduit sur la 2ᵉ édition, et annoté par M. EMILE THOMAS. 1 vol. in-8. . . . . 6 fr.

BASTIAT. **Œuvres complètes** en 7 volumes in-8 (vélin). . . . . 35 fr.
(Voir détails page 30, édition in-18).

BAUDRILLART (H.), de l'Institut. **Philosophie de l'économie politique. Des rapports de l'économie politique et de la morale.** Deuxième édition, revue et augmentée. 1 vol. in-8. . . . . 9 fr.

BLANQUI, de l'Institut. **Histoire de l'économie politique en Europe,** *depuis les anciens jusqu'à nos jours*, 5ᵉ édition. 1 vol. in-8. . . . 8 fr.

BLOCK (Maurice), de l'Institut. **Les progrès de la science économique** depuis ADAM SMITH. Revision des doctrines économiques. 2ᵉ édition augmentée. 2 vol. in-8. . . . . 16 fr.

— **Statistique de la France**, **comparée avec les divers pays de l'Europe,** *couronné par l'Institut* (Prix de statistique). 2ᵉ édition refondue. 2 vol. in-8. . . . . 12 fr.

BLUNTSCHLI. **Le droit international codifié.** Traduit de l'allemand par M. C. LARDY. 5ᵉ édition, revue et augmentée. 1 vol. in-8. . . . 10 fr.

— **Théorie générale de l'Etat**, traduit de l'allemand par M. DE RIEDMATTEN. 3ᵉ édition. 1 vol. in-8. . . . . 9 fr.

— **Le droit public général**, traduit de l'allemand par M. DE RIEDMATTEN, 2ᵉ édition. 1 vol. in-8. 8 fr.

— **La politique**, traduit de l'allemand et précédé d'une préface de M. DE RIEDMATTEN. 2ᵉ édition. 1 vol. in-8. . . . . 8 fr.

BOISSONADE (G.), Professeur agrégé à la Faculté de droit de Paris. **Histoire de la réserve héréditaire et de son influence morale et économique** (*Couronné par l'Académie des sciences morales et politiques*). 1 vol. in-8. . . . . 10 fr.

CIBRARIO, correspondant de l'Institut. **Économie du moyen âge.** Traduit de l'italien sur la 4ᵉ édition, par M. A. BARNEAUD. 2 vol. in-8. 6 fr.

COURTOIS (A.). **Histoire des banques de France.** 2ᵉ édition. 1 vol. in-8. . . . . 8 fr.

DUNOYER (Ch.), de l'Institut. **De la liberté du travail.** 2ᵉ édition. 2 vol. in-8. . . . . 20 fr.

— **Notice d'économie sociale**, revues sur les manuscrits de l'auteur. 1 vol. in-8. . . . . 10 fr.

EICHTHAL (Eugène d'), de l'Institut. **La formation des richesses et ses conditions sociales actuelles,** *notes d'économie politique*. . . 7 fr. 50

FAUCHER (L.), de l'Institut. **Études sur l'Angleterre.** 2ᵉ édition augmentée. 2 forts volumes in-8. . . . . 6 fr.

— **Mélanges d'économie politique et de finances.** 2 forts vol. in-8. 6 fr.

FIX (Th.). **Observations sur l'état des classes ouvrières.** Nouvelle édition. 1 vol. in-8. . . . . 5 fr.

GARNIER (J.), de l'Institut. **Du principe de population.** 2ᵉ édition. 1 vol. in-8 avec portrait. . . . . 10 fr.

GROTIUS. **Le droit de la guerre et de la paix.** Nouvelle traduction. 3 vol. in-8. . . . . 12 fr. 50

HAUTEFEUILLE. **Des droits et des devoirs des nations neutres en temps de guerre maritime.** 3e édit. refondue. 3 forts vol. in-8. 22 fr. 50

— **Histoire des origines, des progrès et des variations du droit maritime international.** 2e édition. 1 vol. in-8. . . . . 7 fr. 50

KLUBER (J.-H.). **Droit des gens moderne de l'Europe.** 2e édition, revue. 1 vol. in-8. . . . . 4 fr.

LAFERRIÈRE (F.), de l'Institut. **Essai sur l'histoire du droit français** depuis les temps anciens jusqu'à nos jours, y compris le **Droit public et privé de la Révolution française.** Nouvelle édit. 2 vol. in-8. 14 fr.

LAVERGNE (L. de), de l'Institut. **Les économistes français du dix-huitième siècle.** 1 vol. in-8. . . . . 7 fr. 50

— **Essai sur l'économie rurale de l'Angleterre, de l'Écosse et de l'Irlande.** 5e édition. 1 vol. in-8 avec portrait. . . . . 8 fr. 50

LEROY-BEAULIEU (P.), de l'Institut. **Traité théorique et pratique d'économie politique.** 3e édition. 4 vol. in-8. . . . . 36 fr.

— **Traité de la science des finances.** 7e édition, revue, corrigée et augmentée. 2 forts vol. in-8. . . . . 25 fr.

— **Essai sur la répartition des richesses** et sur la tendance à une moindre inégalité des conditions. 3e édit., revue et corrigée. 1 vol. in-8. 9 fr.

— **Le collectivisme,** *examen critique du nouveau socialisme.* 4e édition, revue et augmentée d'une préface. 1 vol. in-8. . . . . 9 fr.

MAC CULLOCH, correspondant de l'Institut. **Principes d'économie politique,** *suivis de quelques recherches relatives à leur application, et d'un tableau de l'origine et des progrès de la science,* traduit sur la 4e édition anglaise, par A. PLANCHE. 2e édition. 2 vol. in-8. . . 6 fr.

MARTENS (G.-F. de). **Précis du droit des gens moderne de l'Europe.** Nouvelle édition, revue. 2 forts vol. in-8. . . . . 7 fr.

MINGHETTI, de l'Institut. **Des rapports de l'économie publique avec la morale et le droit.** Traduit par M. SAINT-GERMAIN LEDUC. 1 fort. vol. in-8. . . . . 7 fr. 50

MIRABEAU. **L'ami des hommes ou traité de la population,** avec une préface et une notice biographique, par M. ROUXEL. 1 vol. in-8. 5 fr.

MORLEY (John). **La vie de Richard Cobden,** traduit par SOPHIE RAFFALOVICH. 1 vol. in-8. . . . . 8 fr.

PASSY (H.), de l'Institut. **Des formes de gouvernement et des lois qui les régissent.** 2e édition. 1 vol. in-8. . . . . 7 fr. 50

PRADIER-FODERÉ. **Précis de droit administratif.** 7e édition, tenue au courant de la législation. 1 fort vol. in-8. . . . . 10 fr.

ROSCHER (G.). **Traité d'économie politique rurale.** Traduit sur la dernière édition par C. VOGEL. 1 fort vol. in-8. . . . . 18 fr.

— **Recherches sur divers sujets d'économie politique.** Traduit de l'allemand. 1 vol. in-8. . . . . 8 fr.

ROSSI (P.), de l'Institut. **Cours d'économie politique,** revu et augmenté de leçons inédites. 5e édition. 4 vol. in-8. . . . . 15 fr.

— **Cours de droit constitutionnel,** *professé à la Faculté de droit de Paris,* recueilli par M. A. PORÉE. 2e édition. 4 vol. in-8. . . . . 15 fr.

— **Traité de droit pénal.** 4e édition. 2 vol. in-8. . . . . 7 fr. 50

STUART MILL (J.). **Le gouvernement représentatif,** traduit et précédé d'une *Introduction,* par DUPONT-WHITE. 2e édition. 1 vol. in-8. 5 fr.

VIGNES (Édouard). **Traité des impôts en France.** 4e édition, mise au courant de la législation, par M. VERGNIAUD. 2 vol. in-8. . . . 16 fr.

YOUNG (Arthur). **Voyages en France (1787, 1788, 1789).** Traduits et annotés par M. LESAGE. 2e édition. 2 vol. in-8. . . . . 15 fr.

BIBLIOTHÈQUE DES SCIENCES MORALES ET POLITIQUES

FORMAT IN-18 JÉSUS.

BASTIAT (Frédéric). Œuvres complètes, précédées d'une *Notice* sur sa vie et ses écrits. 7 vol. in-18. . . . . 24 fr. 50
I. *Correspondance.* — *Premiers écrits.* 3e édition, 3 fr. 50; — II. *Le Libre-Echange.* 3e édition, 3 fr. 50; — III. *Cobden et la Ligue.* 4e édition, 2 fr. 50; — IV et V. *Sophismes économiques.* — *Petits pamphlets.* 5e édit. 2 vol., 7 fr.; — VI. *Harmonies économiques.* 9e édition, 3 fr. 50; VII. *Essais.* — *Ebauches.* — *Correspondance.* . . . . 3 fr. 50
Les tomes IV et V seuls ne se vendent pas séparés.

BAUDRILLART (H.). Etudes de philosophie morale et d'économie politique. 2 vol. in-18. . . . . 7 fr.

BECCARIA. Des délits et des peines. 2e édition. 1 vol. in-18. . 3 fr. 50

BLANQUI, de l'Institut. Précis élémentaire de l'économie politique. 3e édition, suivie du *Résumé de l'histoire du commerce*, in-18. 2 fr. 50

CIESZKOWSKI (A.). Du crédit et de la circulation. 3e édit. in-18. 3 fr. 50

COQUELIN (Charles). Du crédit et des banques. 3e édition, in-18. 4 fr.

COURCELLE-SENEUIL (J.-G.). Traité théorique et pratique d'économie politique. 3e édit. 2 vol. in-18. . . . . 7 fr.

— La société moderne. 1 vol. in-18. . . . . 5 fr.

FAUCHER (L.), de l'Institut. Mélanges d'économie politique et de finances. 2 forts volumes in-18. 3 fr. 50

FREEMAN (E.-A.). Le développement de la constitution anglaise, depuis les temps les plus reculés jusqu'à nos jours. 1 vol. in-18. . . 3 fr. 50

GROTIUS. Le droit de la guerre et de la paix. 3 vol. in-18. . . 7 fr. 50

KLUBER (J.-H.). Droit des gens moderne de l'Europe. In-18. 2 fr. 50

LAVERGNE (L. de), de l'Institut. Économie rurale de la France depuis 1789. 4e édition, revue et augmentée. 1 vol. in-18. . . . . . . 3 fr. 50

— L'agriculture et la population. 2e édition. 1 vol. in-18. . . . 3 fr. 50

LEYMARIE (A.). Tout par le travail. 2e édition. 1 vol. in-18. . . 3 fr.

MARTENS (G.-F. de). Précis du droit des gens moderne de l'Europe. 2e édition. 2 vol. in-18. 4 fr.

MINGHETTI, de l'Institut. Des rapports de l'économie publique avec la morale et le droit, par M. SAINT-GERMAIN LEDUC. 1 vol. in-18. 4 fr. 50

MOREAU DE JONNÈS, de l'Institut. Statistique de l'industrie de la France. 1 vol. in-18. . . . . 3 fr. 50

— La France avant ses premiers habitants. 1 vol. in-18. . . . 3 fr. 50

RAPET (J.-J.). Manuel populaire de morale et d'économie politique. 4e édition. 1 fort vol. in-18. . . . . 3 fr. 50

REYBAUD (L.). Etudes sur les réformateurs, ou socialistes modernes. 7e édition. 2 vol. in-18. 7 fr.

SAINT-PIERRE (Abbé de). Sa vie et ses œuvres. 1 vol. in-18. 3 fr. 50

SAINT-SIMON. Sa vie et ses travaux, par M. G. HUBBARD, suivis de fragments des plus célèbres écrits de Saint-Simon. 1 vol. in-18. 3 fr.

SAY (J.-B.). Catéchisme d'économie politique. 1 vol. in-18. . . 1 fr. 50

SCHULLER (R.). Les économistes classiques et leurs adversaires. *L'économie polit. et la polit. sociale, depuis Adam Smith.* 1 vol. in-18. 2 fr. 50

SMITH (A.). Théorie des sentiments moraux, traduits par la marquise de CONDORCET, suivi d'une *Dissertation sur l'origine des langues*, par la même. Introd. de H. BAUDRILLART, de l'Institut. 1 fort vol. in-18. 3 fr. 50

STIRLING. Philosophie du commerce. Traduit de l'anglais par M. SAINT-GERMAIN LEDUC. 1 vol. in-18. . . . . 3 fr.

STUART MILL (J.). La liberté. Traduction et *Introduction*, par M. DUPONT-WHITE. 3e édition, revue. 1 vol. in-18. . . . . 3 fr. 50

— Le gouvernement représentatif. Traduction et *Introduction*, par M. DUPONT-WHITE. 3e édition. 1 vol. in-18. . . . . 4 fr.

SUDRE (Alfred). Histoire du communisme. 5e édition, in-18. . . 3 fr. 50

YOUNG (A.). Voyages en Italie et en Espagne (1787, 1788 et 1789). Traduction LESAGE. 1 vol. in-18. . . . . 3 fr. 50

COLLECTION
D'AUTEURS ÉTRANGERS CONTEMPORAINS

Histoire — Morale — Économie politique — Sociologie

Format in-8. (Pour le cartonnage, 1 fr. 50 en plus.)

BAMBERGER. — **Le Métal argent au XIXe siècle.** Traduction par M. Raphael-Georges Lévy. 1 vol. Prix, broché . . . . . . 6 fr. 50

C. ELLIS STEVENS. — **Les Sources de la Constitution des États-Unis** *étudiées dans leurs rapports avec l'histoire de l'Angleterre et de ses Colonies.* Traduit par Louis Vossion. 1 vol. in-8. Prix, broché. 7 fr. 50

GOSCHEN. — **Théorie des Changes étrangers.** Traduction et préface de M. Léon Say. *Quatrième édition française* suivie du *Rapport de 1875 sur le paiement de l'indemnité de guerre*, par le même. 1 vol. Prix, broché . . . . 7 fr. 50

HERBERT SPENCER. — **Justice.** *3e édition.* Trad. de M. E. Castelot. 1 vol. Prix, broché . . . . 7 fr. 50

HERBERT SPENCER. — **La Morale des différents Peuples et la Morale personnelle.** Traduction de MM. Castelot et E. Martin Saint-Léon. 1 vol. Prix, broché . . . . 7 fr. 50

HERBERT SPENCER. — **Les Institutions professionnelles et industrielles.** Traduit par Henri de Varigny. 1 vol. in-8. Prix, br. 7 fr. 50

HERBERT SPENCER. — **Problèmes de Morale et de Sociologie.** Traduction de M. H. de Varigny. 2e édit. 1 vol. Prix, broché. . 7 fr. 50

HERBERT SPENCER. — **Du Rôle moral de la Bienfaisance.** (*Dernière partie des principes de l'éthique*). Traduction de MM. E. Castelot et E. Martin Saint-Léon. 1 vol. Prix, broché . . . . 7 fr. 50

HOWELL. — **Le Passé et l'Avenir des Trade Unions.** *Questions sociales d'aujourd'hui.* Traduction et préface de M. Le Cour Grandmaison. 1 vol. Prix, broché . . . . 5 fr. 50

KIDD. — **L'évolution sociale.** Traduit par M. P. Le Monnier. 1 vol. in-8. Prix, broché. 7 fr. 50

NITTI. — **Le Socialisme catholique.** Traduit avec l'autorisation de l'auteur. 1 vol. Prix, broché . . . . 7 fr. 50

RUMELIN. — **Problèmes d'Économie politique et de Statistique.** Traduit par Ar. de Riedmatten. 1 vol. Prix, broché. . . . . . 7 fr. 50

SCHULZE GAVERNITZ. — **La grande Industrie.** Traduit de l'allemand. Préface par M. G. Guéroult. 1 vol. Prix, broché. . . . . . 7 fr. 50

W.-A. SHAW. — **Histoire de la Monnaie (1252-1894).** Traduit par M. Ar. Raffalovich. 1 vol. Prix, broché . . . . 7 fr. 50

THOROLD ROGERS. — **Histoire du Travail et des Salaires en Angleterre depuis la fin du XIIIe siècle.** Traduction avec notes par E. Castelot. 1 vol. in-8. Prix, broché . . . . 7 fr. 50

WESTERMARCK. — **Origine du Mariage dans l'espèce humaine.** Traduction de M. H. de Varigny. 1 vol. Prix broché. . . . . . . 11 fr.

A.-D. WHITE. — **Histoire de la Lutte entre la Science et la Théologie.** Traduit et adapté par MM. H. de Varigny et G. Adam. 1 vol. in-8. Prix, broché . . . . 7 fr. 50

691-06. — Coulommiers. Imp. Paul BRODARD. — 6-06.

Volumes in-16; chaque vol. broché : 2 fr. 50

EXTRAIT DU CATALOGUE

Palante.
…récis de sociologie. 3e édit.
Herbert Spencer.
…assificat. des sciences. 8e éd.
…individu contre l'Etat. 7e éd.
Th. Ribot.
…psych. de l'attention. 9e éd.
…phil. de Schopen. 11e éd.
…es mal. de la mém. 18e édit.
…es mal. de la volonté. 22e éd.
…al. de la personnalité. 13e éd.
Hartmann (E. de).
…a religion de l'avenir. 6e éd.
…Darwinisme. 8e édit.
Schopenhauer.
…ssai sur le libre arbitre. 9e éd.
…ond. de la morale. 9e édit.
…nsées et fragments. 21e éd.
…rivains et style.
…r la religion.
L. Liard.
…giciens angl. contem. 5e éd.
…finitions géomét. 3e éd.
A. Binet.
…psychol. du raisonn. 4e édit.
Mosso.
…peur. 3e édit.
…fatigue. 5e édit.
G. Tarde.
…criminalité comparée. 6e éd.
…a transform. du droit. 4e éd.
…s lois sociales. 5e éd.
Ch. Richet.
…ychologie générale. 6e éd.
Tissié.
…s rêves. 2e édit.
J. Lubbock.
…bonheur de vivre (2 v.) 9e éd.
…mploi de la vie. 6e édit.
Queyrat.
…magination chez l'enfant.
…bstraction dans l'éduc. 2e éd.
…s caractères et l'éducation morale. 3e éd.
…logique chez l'enfant. 3e éd.
…s jeux des enfants.
Gustave Le Bon.
…a psychol. de l'évolution des peuples. 8e édit.
…ychologie des foules. 12e éd.
E. Durkheim.
…gles de la méth. soc. 4e éd.
P.-F. Thomas.
…suggestion et l'éduc. 3e éd.
…rale et éducation. 2e éd.
R. Allier.
…d'Ernest Renan. 3e édit.
Lange.
…s émotions. … éd.
E. Boutroux.
…nting. des lois de la nature.

Danville.
Psychologie de l'amour. 4e éd.
C. Bouglé.
Les sciences soc. en Allem.
Max Nordau.
Paradoxes psycholog. 6e édit.
Paradoxes sociolog. 5e édit.
Génie et talent. 4e édit.
G. Richard.
Social. et science sociale. 2e éd.
F. Le Dantec.
Le déterminisme biol. 2e éd.
L'individualité. 2e éd.
Lamarckiens et Darwiniens.
Fiérens-Gevaert.
Essai sur l'art contemp. 2e éd.
La tristesse contemp. 4e éd.
Psychologie d'une ville. 2e éd.
Nouveaux essais sur l'art contemporain.
A. Cresson.
La morale de Kant. 2e éd.
Malaise de la pensée philos.
Philosophie naturaliste.
J. Novicow.
L'avenir de la race blanche.
G. Milhaud.
La certitude logique. 2e éd.
Le rationnel.
H. Lichtenberger.
Philos. de Nietzsche. 10e édit.
Frag. et aphor. de Nietzsche.
G. Renard.
Le régime socialiste. 5e édit.
Ossip-Lourié.
Pensées de Tolstoï. 2e édit.
Nouvelles pensées de Tolstoï.
La philosophie de Tolstoï.
La philos. sociale dans Ibsen.
Le bonheur et l'intelligence.
G.-L. Duprat.
Les causes sociales de la folie.
Le mensonge.
Tanon.
L'évolution du droit. 2e éd.
Brunschvicg.
Introd. à la vie de l'esprit. 2e éd.
L'idéalisme contemporain.
Mauxion.
L'éduc. par l'instruction. 2e éd.
La moralité.
Fr. Paulhan.
La fonction de la mémoire
Psychologie de l'invention.
Les phénomènes affectifs. 2e éd.
Analystes et esprits synthétiq.

Grasset.
Limites de la biologie…
Encausse
Occult. et Spiritual. 2e…
A. Landry
La responsabilité pén…
Sully Prudhom…
Psychologie du Libre…
Sully Prudhom…
et Ch. Richet
Probl. des causes finale…
E. Goblot
Justice et Liberté. 2e…
W. James
La théorie de l'émotion
J. Philippe.
L'image mentale.
M. Boucher
Essai sur l'hyperespace
Coste.
Dieu et l'âme. 2e édit.
P. Sollier.
Les phénomènes d'auto…
L'association en psych…
Roussel-Despier…
L'idéal esthétique.
J. Bourdeau
Maîtres de la pensée co…
Socialistes et sociolog…
C.-A. Laisant.
L'éduc. fond. s. la scienc…
Romaine Paters…
L'éternel conflit.
A. Réville.
Dogme de la divinité d…
M. Jaëll.
Mouvements artistique…
A. Fouillée.
Propriété soc. et démo…
A. Bayet.
La morale scientifique.
G. Geley.
L'être subconscient.
Philippe et Paul-Bo…
Anomalies ment. chez l… liers.
Jankelevitch.
Nature et société.
Dumas
Le sourire.
Delvolve.
Organis. de la consc. …
Souriau
La rêverie esthétique.
Lachelier
Fondement de l'inducti…
Le syllogisme.
Proal.
Éducat. et suicide des e…
Lodge
La vie et la matière…